basilic

thym, coriandre et autres herbes...

Révision et correction: Linda Nantel et Monique Richard
Conception de la maquette: Jean-François Lejeune
Infographie: Johanne Lemay et Manon Léveillé
Illustrations: Julien Bartoluci

Données de catalogage avant publication (Canada)

Grappe, Jean-Paul
   Basilic, thym, coriandre et autres herbes…

   (Tout un plat!)

   1. Cuisine (Fines herbes).   2. Cuisine (Basilic).   3. Cuisine (Coriandre).
4. Cuisine (Thym).   I. Titre.   II. Collection.

TX819.H4G72   2003   641.6'57   C2003-941498-1

L'auteur tient à remercier:

Colombe St-Pierre pour le talent de la confection des recettes
pour les photos

Pierre Beauchemin pour les photos

Claude Girard et Myriam Pelletier, de chez Artémise et Aubépin,
pour leurs compétences en herboristerie

Francine Larochelle pour sa patience et son travail soigné

Daniel Baillard pour la fourniture des herbes aromatiques

Julien Bartoluci pour les dessins des herbes

Trois femmes et un coussin «Prêt à décorer» pour certaines assiettes

Restaurant Europea pour certaines assiettes

Fruiterie chez Louis, Marché Jean-Talon, pour la fourniture des légumes

Soeur Juneau, de la maison Saint-Gabriel, pour les photos au potager

Pour en savoir davantage sur nos publications,
visitez notre site: **www.edhomme.com**
Autres sites à visiter: www.edjour.com • www.edtypo.com
www.edvlb.com • www.edhexagone.com •

Dépôt légal: 4ᵉ trimestre 2003
Bibliothèque nationale du Québec

ISBN 2-7619-1857-6

DISTRIBUTEURS EXCLUSIFS:

• Pour le Canada
  et les États-Unis:
  MESSAGERIES ADP*
  955, rue Amherst
  Montréal, Québec
  H2L 3K4
  Tél.: (514) 523-1182
  Télécopieur: (514) 939-0406
  * Filiale de Sogides ltée

• Pour la France et les autres pays:
  VIVENDI UNIVERSAL PUBLISHING SERVICES
  Immeuble Paryseine, 3, Allée de la Seine
  94854 Ivry Cedex
  Tél.: 01 49 59 11 89/91
  Télécopieur: 01 49 59 11 96
  Commandes: Tél.: 02 38 32 71 00
                  Télécopieur: 02 38 32 71 28

• Pour la Suisse:
  VIVENDI UNIVERSAL PUBLISHING SERVICES SUISSE
  Case postale 69 - 1701 Fribourg - Suisse
  Tél.: (41-26) 460-80-60
  Télécopieur: (41-26) 460-80-68
  Internet: www.havas.ch
  Email: office@havas.ch
  DISTRIBUTION: OLF SA
  Z.I. 3, Corminbœuf
  Case postale 1061
  CH-1701 FRIBOURG
  Commandes: Tél.: (41-26) 467-53-33
                  Télécopieur: (41-26) 467-54-66
                  Email: commande@ofl.ch

• Pour la Belgique et le Luxembourg:
  VIVENDI UNIVERSAL PUBLISHING SERVICES BENELUX
  Boulevard de l'Europe 117
  B-1301 Wavre
  Tél.: (010) 42-03-20
  Télécopieur: (010) 41-20-24
  http://www.vups.be
  Email: info@vups.be

Gouvernement du Québec – Programme de crédit d'impôt pour
l'édition de livres – Gestion SODEC – www.sodec.gouv.qc.ca

L'Éditeur bénéficie du soutien de la Société de développement des
entreprises culturelles du Québec pour son programme d'édition.

Nous reconnaissons l'aide financière du gouvernement du Canada
par l'entremise du Programme d'aide au développement de l'in-
dustrie de l'édition (PADIÉ) pour nos activités d'édition.

tout un plat !

basilic
thym, coriandre et autres herbes...

Jean-Paul Grappe

Photographe : Pierre Beauchemin

LES ÉDITIONS DE L'HOMME

L'équipe : Pierre Beauchemin,
Colombe St-Pierre, Jean-Paul Grappe et Julien Bartoluci

À Christine

Préface

Depuis que la cuisine existe, l'infinie diversité du monde végétal a fasciné les hommes. Ils savaient que toutes les plantes étaient une source d'alimentation et une source de vie. Non seulement elles étaient un élément important dans la cuisine, mais on les utilisait aussi en médecine. Dès le Moustérien, nos ancêtres ont dû s'émerveiller de simples floraisons dans la toundra et y voir le renouveau de la vie. La science grecque fait beaucoup de cas des plantes aux multiples utilisations. Au XVIIIe siècle, combien de gens pratiquaient la botanique vantée par Rousseau? Peu, sans doute... De nos jours, le long des sentiers, en bordure des petits chemins de campagne ou des allées forestières, ne découvrons-nous pas un tapis végétal renouvelé au fil des saisons? Têtes de violon, ail des bois, livèche, serpolet, moutarde, salsifis sauvage, légumes et herbes se côtoient pour la plus grande joie des cueilleurs.

Quand les explorateurs cherchaient la route des épices, par exemple, des graines nous sont également arrivées des pays chauds. Maintenant, plusieurs d'entre nous possèdent leur petit jardin d'herbes à la maison. Romarin, basilic, marjolaine, coriandre, estragon et plusieurs autres que nous prenons plaisir à humer chaque matin. Jean-Paul Grappe, que j'ai connu il y a une vingtaine d'années lorsque j'ai commencé à produire des herbes aromatiques ainsi que des mini-salades, a su, d'abord comme chef de cuisine puis comme enseignant, développer le goût et les saveurs de chaque herbe ainsi que les mariages de celles-ci avec des mets qui s'y accordent bien. Élèves, clients ou amants de la cuisine, ce livre de recettes saura emporter vos convives vers de belles aventures culinaires. Vous y apprendrez aussi comment conserver et utiliser en cuisine ces herbes si savoureuses.

Heureuses découvertes!

Daniel Baillard
Herbes Daniel

Après nos longs hivers, lorsque le soleil fait fondre les derniers îlots de neige, nous sommes tellement heureux de revoir la couleur de la terre. Notre esprit ne peut s'empêcher de s'exciter en essayant d'imaginer à quoi ressemblera notre potager à la fin de l'été. Nous rêvons déjà à ses odeurs enivrantes.

L'organisation du potager sera au cœur des discussions familiales au cours des prochaines soirées. Quelles sont les herbes qui ont besoin de soleil, celles qui préfèrent vivre à l'ombre et les autres qui demandent beaucoup d'eau? Puis commencera le vrai travail: bêcher, ratisser, nourrir la terre, puis planter.

Chaque matin, nous irons regarder poindre les premières pousses. En quelques semaines, une mosaïque de couleurs remplacera la couleur de la terre. Nous sauterons de joie le jour où nous pourrons enfin couper une branche de romarin pour assaisonner les côtes d'agneau qui seront au menu du repas du soir. Puis, ce sera au tour du basilic pour les pâtes, du cumin pour les sautés et de l'oseille pour les crèmes. Jour après jour, les herbes accompagneront avec finesse tous nos mets préférés. Grâce à la magie des fines herbes, tous nos sens seront sollicités et cette fête durera pendant tout l'été!

Un beau matin, les feuilles des arbres commenceront à rougir. Avant les premières gelées, il faudra prendre soin de cueillir toutes les herbes qui sont encore dans le potager, puis apprendre à les traiter et à les conserver pour en profiter pleinement pendant tout l'hiver…

Historique

«Le Très-Haut a fait produire à la terre des médicaments et l'homme sage ne doit pas les ignorer», recommande l'Ecclésiaste. Mais bien avant que ce texte sacré ne fasse allusion à la phytothérapie — médication par les plantes —, l'usage s'était créé, répandu et transmis dans les plus anciennes civilisations.

Il est remarquable que toutes les civilisations, sur tous les continents, aient développé, en plus de la domestication et de la culture des plantes à des fins alimentaires, la recherche de leurs qualités thérapeutiques. Il suffit de penser à l'usage que l'on faisait de l'opium retiré du pavot 4000 ans avant qu'on apprenne à en extraire la morphine.

Les grandes périodes de l'humanité ont permis de découvrir les bienfaits médicaux et culinaires des plantes sauvages autant que des plantes cultivées.

Pendant l'Antiquité égyptienne, grecque et romaine, de nombreuses connaissances empiriques se sont transmises — en particulier par l'intermédiaire des Arabes — aux héritiers européens de ces civilisations défuntes.

À partir de la Renaissance, les savants occidentaux mettront à profit le renouveau de l'esprit scientifique. La multiplication des voyages permettra de faire des découvertes qui développeront considérablement les acquis et amorceront une mise en ordre rigoureuse de tous les éléments de l'expérience passée.

Au début du XVIe siècle, le médecin suisse Paracelse essaie de cerner l'âme, la «quintessence» des végétaux, d'où proviennent leurs vertus thérapeutiques. Ne disposant évidemment pas des moyens d'analyse que fourniront ensuite les techniques modernes, il tente de rapprocher les vertus des plantes de leurs propriétés morphologiques, de leur forme, de leur couleur. Le médecin et naturaliste italien Matthiole commente l'œuvre du médecin grec Dioscoride et découvre les propriétés du marron d'Inde et de la salsepareille d'Europe.

La fin du XVIIe siècle, par l'intermédiaire des sciences modernes, est venue enrichir et diversifier, dans des proportions extraordinaires, le savoir sur les plantes qui s'appuie aujourd'hui sur des disciplines bien spécifiques comme la paléontologie — science fondée sur l'étude des fossiles qui a fait découvrir une foule d'éléments révélateurs —, la géographie, la cytologie, la génétique, l'histologie et la biochimie.

Parmi les travaux et les efforts de nombreux botanistes à travers les siècles, c'est en 1735 que le Suédois Carl von Linné classifiera les plantes dans son célèbre traité appelé *Système de la nature.*

L'utilisation, depuis le milieu du XVIIe siècle, des microscopes permettra de connaître un peu mieux la texture fine des végétaux. Ces progrès, qui entraînent un approfondissement des observations, vont permettre, au début du XIXe siècle, de préciser la notion de cellule, élément fondamental de tout tissu animal ou végétal. C'est alors le début de l'histologie ou science des tissus. Inexorablement,

ces découvertes feront que l'homme remplacera les plantes par des composants produits artificiellement par synthèse. Est-ce à dire que les plantes perdent leur mystère ou qu'elles ont aussi perdu leur utilité?

Il n'en est rien, et pour de nombreuses raisons. D'une part, certains composants chimiques reconnus dans les plantes et utilisés en médecine ne peuvent pas encore être reproduits par synthèse. D'autre part, même si les Japonais font du simili-crabe, à quand les salsifis et le céleri synthétiques?

Aneth

Fenouil

A N E T H

Anethum graveolens (Linné)
Famille des apiacées

Proche cousin du fenouil, l'aneth tire son nom du grec *anethon* qui signifie fenouil. Remarquez la ressemblance de leur mode de croissance et de leur aspect physique. Cette plante ombellifère est originaire d'Asie et fut introduite en Europe par Charlemagne. D'ailleurs, l'aneth fut considéré très tôt comme un symbole de vitalité chez les Romains qui croyaient que ses huiles essentielles fortifiaient la pensée positive. On en fait également mention dans la plupart des textes anciens, dont l'évangile de saint Matthieu où il est écrit qu'au cours du 1er siècle de notre ère, l'aneth faisait l'objet d'un impôt au même titre que la menthe et le cumin.

Plante annuelle pouvant atteindre 1,20 m de haut. Elle a une tige glabre munie de feuilles alternes. Ses petites fleurs jaunes sont regroupées en ombelles planes et ses fruits sont lenticulés, aplatis et ailés. Toute la plante dégage une odeur caractéristique forte, fraîche et épicée. Elle a un goût chaud et douceâtre qui est plus fin pendant la période d'épanouissement de la fleur.

AUTRES APPELLATIONS
Fenouil bâtard, fenouil puant.

UTILISATION EN CUISINE
L'aneth est très souvent utilisé comme condiment dans les choucroutes, les marinades et les cornichons au vinaigre. Il est excellent dans les salades et avec certains poissons et crustacés.

USAGE THÉRAPEUTIQUE
Carminatif, antispasmodique, diurétique léger, toux, expectorant, galactogogue, migraines digestives, règles douloureuses, coliques des enfants, asthme.

CONSERVATION
L'aneth peut être déshydraté et doit être conservé à l'abri de la lumière dans une boîte fermée hermétiquement.

PARTICULARITÉS
Son nom de «fenouil bâtard» ou «fenouil puant» vient du fait que l'aneth était utilisé pour éloigner les mauvais sorts au Moyen-Âge. Les Grecs l'utilisaient pour s'endormir plus vite en déposant des feuilles d'aneth sur leurs yeux.

Roulades de plie à l'aneth

4 portions

Nous trouvons cinq familles de plie sur la côte Est du Canada. Par ordre décroissant de qualité, il s'agit de la plie grise, la plie canadienne, la limande à queue jaune, la plie rouge et le cardeaux à quatre ocelles. La sole est quant à elle importée d'Europe.

- Mettre les tiges d'aneth dans une casserole avec le vin et 60 g (⅓ tasse) d'échalotes. Laisser bouillir 30 min.

- Passer cette essence au chinois, puis faire réduire de 90%. Réserver.

- Bien aplatir les filets de plie (voir technique p. 136), saler et poivrer. Enrober les filets avec les feuilles d'aneth hachées et faire des roulades. Ranger les filets dans un plat de cuisson et entourer avec le reste des échalotes. Verser l'essence d'aneth sur le dessus et couvrir avec une feuille de papier sulfurisé beurrée.

- Cuire au four à 180 °C (350 °F) jusqu'à ce que de petits points blancs émergent des filets. Égoutter le poisson sur du papier absorbant et réserver au chaud. Verser le fond de cuisson dans une casserole et ajouter la crème. Lier avec un peu de fécule de pomme de terre délayée avec un peu d'eau et monter au beurre, jusqu'à consistance voulue.

- Rectifier l'assaisonnement, puis servir les roulades dans des assiettes individuelles avec la sauce.

Ingrédients

- 2 bottes d'aneth (tiges coupées grossièrement, feuilles hachées finement)
- 300 ml (1 ¼ tasse) de vin blanc
- 135 g (¾ tasse) d'échalotes hachées finement
- 12 filets de plie
- Sel et poivre
- 160 ml (¼ tasse) de crème épaisse (35 %)
- Fécule de pomme de terre
- 80 g (⅓ tasse) de beurre non salé

LÉGUMES
Pommes de terre vapeur
Riz
Bulbes de fenouil
Panais

Côtes d'agneau en croûte d'aneth

INGRÉDIENTS

CHAPELURE

- 90 g (3 oz) de graines d'aneth
- 4 tranches de pain blanc
- 2 gousses d'ail

- 8 côtes d'agneau non désossées de 90 à 120 g (3 à 4 oz) chacune
- 30 g (1 oz) de feuilles d'aneth hachées
- 60 ml (¼ tasse) d'huile d'olive
- 2 g de thym en poudre
- 2 g de laurier en poudre
- Sel et poivre
- 125 ml (½ tasse) de moutarde de Dijon
- 150 g (⅔ tasse) de beurre non salé

LÉGUMES

Haricots verts
Bâtonnets de carottes
Pommes de terre boulangères

PRÉPARATION

La viande doit mariner de 12 à 24 h. L'expression «cuisson à cœur» signifie le degré de cuisson au centre d'une pièce de viande.

- Pulvériser les graines d'aneth à l'aide d'un moulin à café ou autre. À l'aide du robot de cuisine, hacher les tranches de pain avec les gousses d'ail, puis incorporer l'aneth en poudre. Réserver.

- La veille du repas, mettre les côtes d'agneau à mariner avec les feuilles d'aneth, l'huile, le thym et le laurier. Saler, poivrer, couvrir de pellicule plastique et conserver au réfrigérateur.

- Deux heures avant le repas, bien éponger les côtes d'agneau. Dans une poêle à fond épais, chauffer l'huile de la marinade et saisir les côtes de chaque côté pour qu'elles aient une belle coloration dorée tout en restant «bleues». Laisser refroidir. À l'aide d'un pinceau, badigeonner les côtes de moutarde, puis les envelopper de chapelure d'aneth.

- Dans une lèchefrite, chauffer le beurre sur la cuisinière, puis déposer les côtes d'agneau. Dorer au four à 180 °C (350 °F) environ 30 min en les retournant une fois en cours de cuisson. Une croûte se formera autour. Terminer la cuisson à 58 °C (136 °F) à cœur. Servir immédiatement afin que l'enveloppe soit bien croustillante. Saler et poivrer légèrement.

Basilic

Basilic feuille de laitue

Basilic fin

Basilic pourpre

B A S I L I C

Ocimum basilicum (Linné)
Famille des lamiacées

Originaire de l'Inde, le basilic est maintenant cultivé à travers le monde. Sa croissance rapide est responsable de son nom d'espèce dérivé du grec *okimon* et son parfum lui a valu le qualificatif royal de *basilikon* en plus de favoriser son emploi comme ornement dans les jardins. Plante sacrée chez les hindous, elle représentait le deuil chez les Grecs et l'amour chez les Romains.

La plante mesure 40 cm au plus et possède des feuilles ovales qui se terminent par une pointe fine avec des fleurs blanches ou bleu lavande groupées en grappes. L'odeur du basilic est pénétrante, fleurie et franche. Sa saveur est chaude, épicée et anisée avec un arrière-goût herbacé légèrement amer. Son caractère change très lentement et les notes douces apportées par le linalol, très prononcées au départ, s'effacent devant le caractère anisé. Le linalol (huile essentielle) est un composé à odeur puissamment florale que l'on trouve aussi en abondance dans les essences de coriandre et de bois de rose du Brésil.

AUTRES APPELLATIONS
Pistou, herbe royale, oranger des savetiers.

UTILISATION EN CUISINE
Utilisé cru, le basilic est très aromatique. Il permet de beaux mariages avec les poissons, certaines sauces et soupes, en finale sur des pâtes et, bien sûr, dans le fameux pistou. Il accompagne très bien les moutardes.

USAGE THÉRAPEUTIQUE
Antispasmodique, antiseptique, antidépresseur, carminatif, expectorant, réchauffant, tonique surrénalien, sédatif léger, antiémétique, galactogogue.

CONSERVATION
À la fin de l'été, le basilic se déshydrate à l'ombre à une température à moins de 35 ºC. Le goût du basilic séché n'est pas très intéressant.

PARTICULARITÉS
Les Égyptiens se servaient du basilic accompagné de la myrrhe, de la sauge et du thym pour embaumer les morts. En Inde, le basilic est déposé sur la poitrine des morts pour ouvrir la porte du paradis, et en Italie il était porté par les courtisans paysans en symbole de fidélité et d'amour.

Crème de concombre avec pailleté de tomate au basilic

4 portions

Voici un excellent potage glacé qui fera le bonheur de vos convives pendant l'été. N'oubliez pas de préparer le pailleté de tomate au basilic la veille.

• La veille du repas, préparer le pailleté en mélangeant le jus de tomate et le basilic. Saler, poivrer, verser dans une lèche-frite et mettre au congélateur où le mélange deviendra «pailleté».

• Le lendemain, parsemer les concombres de gros sel et remuer. Laisser reposer 1 h pour bien faire dégorger. Rincer, éponger et conserver au réfrigérateur.

• Environ 30 min avant de servir, mélanger rapidement les concombres à l'aide du mélangeur. Incorporer la crème, saler et poivrer.

• Servir immédiatement dans des assiettes très froides et couvrir avec le pailleté de tomate au basilic.

- 300 ml (1 ¼ tasse) de jus de tomate
- 100 g (4 tasses) de basilic haché très finement
- Sel de mer et poivre blanc moulu
- 3 concombres pelés, coupés en deux sur la longueur, épépinés et coupés en morceaux de 1 cm (½ po)
- 3 c. à café (3 c. à thé) de gros sel
- 250 ml (1 tasse) de crème épaisse (35 %)

Escalopes de veau à la crème de basilic

INGRÉDIENTS

- 250 ml (1 tasse) de crème épaisse (35 %)
- 4 escalopes de veau de 150 g (5 oz) chacune
- Sel et poivre
- Farine
- 60 ml (¼ tasse) d'huile d'arachide
- 120 g (½ tasse) de beurre non salé
- 90 g (½ tasse) d'échalotes hachées finement
- 125 ml (½ tasse) de vin blanc
- 60 ml (¼ tasse) de porto
- 250 ml (1 tasse) de fond brun de veau (p. 133) ou de demi-glace vendue dans le commerce
- 125 ml (½ tasse) de crème
- 100 g (4 tasses) de basilic haché finement

PRÉPARATION

N'oubliez pas que les saveurs du basilic sont volatiles. S'il vous reste beaucoup de basilic à la fin de l'été, faites du pistou que vous pourrez conserver pour l'hiver.

- Réduire la crème de moitié.
- Étendre les escalopes de veau bien à plat. Saler et poivrer des deux côtés, puis fariner.
- Dans une poêle à fond épais, chauffer l'huile et 60 g (¼ tasse) de beurre. Cuire les escalopes rapidement à feu vif et réserver au chaud.
- Enlever le gras de cuisson de la poêle et chauffer le reste du beurre. Ajouter les échalotes, le vin et le porto. Réduire de moitié, puis ajouter le fond de veau. Rectifier l'assaisonnement et réserver.
- Au moment de servir, ajouter la crème, incorporer le basilic et rectifier l'assaisonnement. Napper les escalopes avec la sauce et servir immédiatement avec des pâtes, du riz ou des pommes de terre.

Pistou
150 g (6 tasses) de feuilles de basilic broyées, 30 g (1 oz) d'ail haché finement et quantité suffisante d'huile d'olive.

Pesto
150 g (6 tasses) de basilic pilé, 40 g (⅓ tasse) de parmesan, 30 g (1 oz) d'ail haché finement et quantité suffisante d'huile d'olive.

Cerfeuil

Cerfeuil sauvage

CERFEUIL

Anthriscus cerefolium (Linné)
Famille des apiacées

Connu des peuples de l'Antiquité, il a été cultivé intensivement à partir du Moyen-Âge au cours duquel on lui attribuait des vertus excessives. Les Romains l'appréciaient également beaucoup.

Plante annuelle fortement ramifiée atteignant 70 cm de hauteur. Racines fusiformes, feuilles tendres, molles et extrêmement divisées de minuscules petites fleurs blanches disposées en ombelles composées et une tige creuse couverte de duvet soyeux. La diversité des terroirs et l'art des jardiniers ont favorisé la croissance de plusieurs variétés : cerfeuil commun, frisé ou bulbeux.

AUTRES APPELLATIONS
Cerfeuil des jardins, cerfeuil cultivé.

UTILISATION EN CUISINE
Cette herbe aromatique d'une grande délicatesse ne s'emploie qu'à l'état frais et cru, car la chaleur volatilise le principe odorant. Les feuilles fraîches, coupées en «pluches» avec des ciseaux, parfument agréablement salades, fromages, omelettes, œufs brouillés et potages. Son goût piquant s'accorde fort bien avec le lapin, le chevreau, la volaille et les poissons à chair fine. Le cerfeuil est délicieux dans certaines sauces froides ou chaudes.

USAGE THÉRAPEUTIQUE
Bronchite, foie, herpès, diurétique, eczéma.

CONSERVATION
L'idéal est de consommer le cerfeuil frais à cause de ses saveurs volatiles. La déshydratation sous vide peut lui conserver toutes ses saveurs aromatiques.

PARTICULARITÉS
Le cerfeuil renferme un taux important de vitamine C, un principe amer, et le même hétéroside flavonique que l'on trouve dans le persil. On associe utilement le cerfeuil aux cures dépuratives du printemps. Ajouté à du lait ou à une infusion tiède, son suc frais calme la toux.

Truite à la vapeur, jus de cerfeuil et chou-fleur à la crème

4 portions

- 250 ml (1 tasse) de lait
- 250 ml (1 tasse) de crème épaisse (35 %)
- 400 g (13 oz) de bouquets de chou-fleur
- 4 filets de truite de 120 g (4 oz) chacun
- Sel et poivre
- Cayenne
- 60 g (2 oz) de cerfeuil
- 250 ml (1 tasse) de fumet de poisson
- 60 ml (¼ tasse) d'huile d'olive
- 40 g (1 ⅓ oz) de pépites de chanvre grillées

• Chauffer le lait avec la crème. Saler et poivrer. Hacher les bouquets de chou-fleur à l'aide du robot de cuisine jusqu'à ce qu'ils deviennent en graines, puis les cuire dans la crème et le lait jusqu'à ce qu'ils soient cuits mais encore croquants. Égoutter le chou-fleur et réserver la crème.

• Préparer les filets de truite en portefeuille. Chauffer le fumet de poisson dans le fond d'une marmite à vapeur. Déposer les filets dans la partie supérieure d'une marmite à étages. Saler et poivrer et faire bouillir pour atteindre 70 °C (160 °F) à cœur.

• Pendant ce temps, mettre l'huile d'olive, le cayenne et le cerfeuil dans un mélangeur, puis ajouter petit à petit la crème et le lait dans lesquels on a cuit le chou-fleur.

• Chauffer le chou-fleur dans une poêle antiadhésive et ajouter les pépites de chanvre.

• Presser les graines de chou-fleur et de chanvre dans un cercle en acier inoxydable ou un emporte-pièce. Déposer un filet de truite sur le chou-fleur et le chanvre et verser le jus de cerfeuil autour.

Bouillon de Madame St-Pierre
aux dernières herbes du jardin

INGRÉDIENTS PRÉPARATION

- 120 g ('/2 tasse) de beurre
- 1 oignon émincé
- 1 poireau émincé
- 100 g (3 tasses) de feuilles d'oseille
- 100 g (3 tasses) de feuilles d'ortie
- 100 g ('/2 tasse) de céleri en dés
- 100 g (3 tasses) de feuilles de pourpier
- 60 g (2 tasses) de persil équeuté
- 500 ml (2 tasses) de bouillon de poulet
- Sel et poivre
- 240 g (8 oz) de pommes de terre en dés
- Petits croûtons de pain de campagne
- 30 g (1 tasse) de pluches de cerfeuil

À la fin de l'été, lorsque les premiers froids engourdissaient les derniers légumes et herbes du jardin, Madame St-Pierre, une cuisinière émérite de Rimouski, cueillait toutes les herbes salées, les hachait, puis les mélangeait dans un pot de grès avec du gros sel afin de les conserver pour l'hiver.

• Chauffer le beurre dans une petite marmite, puis fondre les oignons et les poireaux. Ajouter l'oseille, l'ortie, le céleri, le pourpier et le persil. Laisser mijoter quelques minutes. Verser le bouillon de poulet, saler et poivrer. Couvrir et cuire environ 10 min. Ajouter les pommes de terre et cuire 10 min de plus.

• Remuer le tout à l'aide du mélangeur. Rectifier l'assaisonnement et servir dans des bols très chauds sur des croûtons de pain de campagne. Ajouter le cerfeuil.

Ciboulette en fleur

Ciboulette chinoise

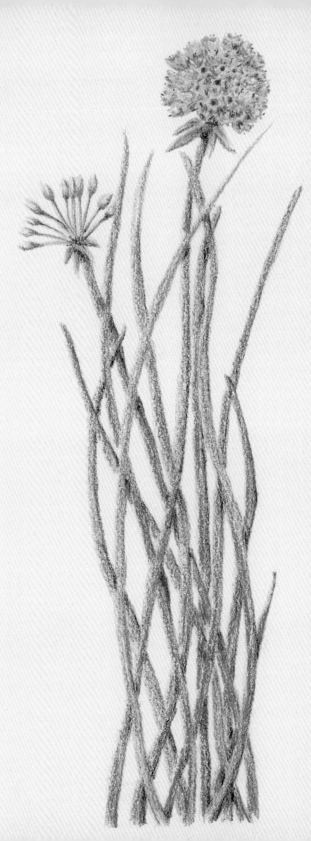

C I B O U L E T T E

Allium schoenoprasum (Linné)
Famille des liliacées

La ciboulette était connue au Moyen-Âge sous le nom de «poireau-jonc», du grec *schoinos* qui signifie «jonc» et *prason*, «poireau». C'est le célèbre scientifique Linné, qui était friand d'œufs pochés saupoudrés de ciboulette, qui lui a donné son nom latin. Elle croît partout dans le monde.

Issues de petits bulbes poussant en touffe, des fleurs roses ou violacées dépassent légèrement du feuillage. La saveur de la ciboulette ressemble à celle de l'oignon, mais avec des nuances beaucoup plus délicates et moins lourdes.

UTILISATION EN CUISINE

Ce petit bulbe poussant en touffes donne de petites tiges qui parfument merveilleusement omelettes, salades et sauces vertes. Émincées, les tiges de ciboulette mélangées au cerfeuil ou au persil agrémentent un grand nombre de plats.

USAGE THÉRAPEUTIQUE

Adoucissante, antiscorbutique, antiseptique, antitussive, cardiotonique, cicatrisante, diurétique, émolliente, expectorante, hypoglycémiante, laxative.

CONSERVATION

La ciboulette supporte mal la déshydratation. On peut toutefois la conserver plusieurs mois au froid ou, mieux encore, dans le congélateur.

PARTICULARITÉS

On lui attribue le pouvoir de faire baisser la tension artérielle et de soulager les douleurs rhumatismales. La ciboulette est très riche en vitamines C et elle contient également du carotène, des vitamines A et B, du sodium, du calcium, du potassium, du phosphore, du fer ainsi qu'une huile essentielle bien pourvue en composés soufrés.

Foie de veau sauté, jus de framboise à la ciboulette

INGRÉDIENTS

- 4 tranches de foie de veau de 120 à 150 g (4 à 5 oz) chacune
- 150 g (²/₃ tasse) de beurre non salé
- Sel et poivre
- Farine
- 250 ml (1 tasse) de vinaigre de framboise
- 125 ml (½ tasse) de fond brun de veau non lié (p. 133) ou de demi-glace vendue dans le commerce
- 60 g (1 tasse) de ciboulette ciselée très finement

PRÉPARATION

Il est fort important que les tranches de foie de veau soient coupées très uniformément et aient la même épaisseur puisque le foie de veau est exquis lorsqu'il est ni trop épais ni trop mince. Trop épais, il prend une consistance molle très désagréable. Trop mince, il durcit parce qu'il cuit trop vite. Une cuisson à point est idéale.

• Prendre une poêle suffisamment grande et épaisse pour bien saisir le foie. Chauffer 60 g (¼ tasse) de beurre, saler et poivrer les tranches de foie de chaque côté, puis les fariner. Saisir très rapidement le foie environ 30 sec de chaque côté, puis retirer immédiatement de la poêle.

• Enlever l'excédent de gras de cuisson dans la poêle, puis verser le vinaigre de framboise. Réduire de 95 % pour enlever l'acidité. Ajouter le fond de veau et la ciboulette, puis monter au beurre. Rectifier l'assaisonnement et verser sur les tranches de foie.

LÉGUMES
Purée de pommes de terre
Haricots verts

Poêlée de légumes sautés à la ciboulette

4 portions

Pelez bien tous les légumes en prenant soin que les navets et les courgettes soient de même grosseur. Les légumes devront être cuits séparément. Le bouillon de poulet prendra le goût des légumes et pourra être servi comme consommé de poulet aux saveurs de légumes.

- 1 litre (4 tasses) de bouillon de poulet
- 200 g (1 tasse) de haricots verts
- 150 g (³/₄ tasse) de pois mange-tout
- 100 g (¹/₂ tasse) de courgettes
- 150 g (³/₄ tasse) de petites carottes printanières
- 150 g (³/₄ tasse) de petits navets
- 1 chou-fleur
- 150 g (²/₃ tasse) de beurre
- Sel et poivre
- 60 g (1 tasse) de ciboulette ciselée finement

• Faire bouillir le bouillon de poulet, assaisonner au goût, puis y cuire les haricots. Lorsqu'ils sont suffisamment cuits, les retirer et les étaler dans une lèchefrite en les séparant bien afin qu'ils refroidissent le plus rapidement possible. Répéter l'opération avec les pois mange-tout et les courgettes.

• Déposer les haricots dans la partie supérieure d'une marmite à trois étages ou une marguerite. Couvrir et cuire à la vapeur jusqu'à cuisson au goût. Cuire ainsi tous les légumes séparément. Quand tous les légumes sont cuits, les mélanger et réserver.

• Quelques minutes avant de servir, chauffer le beurre dans une grande poêle, puis faire sauter les légumes jusqu'à ce qu'ils prennent une légère coloration. Saler, poivrer et ajouter la ciboulette. Servir très chaud.

Filets de corégone en croûte d'épices à la ciboulette

INGRÉDIENTS

- 2 tranches de pain blanc
- 2 tranches de pain d'épice
- 30 g (½ tasse) de ciboulette ciselée très finement
- 2 jaunes d'œufs
- 3 c. à soupe de lait
- 4 filets de corégone de 120 à 150 g (4 à 5 oz) chacun
- Sel et poivre
- Farine
- 240 g (1 tasse) de beurre
- Quartiers de citron

PRÉPARATION

Le corégone est un poisson de grande qualité. Au Québec, on l'appelle poisson blanc et il est de la même famille que les saumons et les truites. En Europe, il prend le nom de fera ou lavaret. Il est toujours préférable de laisser la peau d'un poisson en prenant soin de bien l'écailler. Épongez bien les filets afin d'éliminer au maximum l'excédent d'humidité.

• À l'aide du robot de cuisine, faire une chapelure «fraîche» assez fine avec les tranches de pain et de pain d'épice. Déposer dans un récipient et ajouter la ciboulette.

• Bien fouetter les jaunes d'œufs avec le lait. Saler et poivrer les filets de corégone de chaque côté. Fariner, tremper dans le mélange d'œufs et de lait, puis enrober de chapelure.

• Chauffer doucement le beurre dans une poêle de fonte à fond épais et déposer les filets. Le beurre sera absorbé par la chapelure et formera une croûte qui empêchera l'humidité de sortir du poisson. Cuire 5 min chaque côté. Servir immédiatement avec un filet de jus de citron.

LÉGUMES
Pommes de terre cuites à l'eau ou riz
Carottes

Coriandre en grains

Coriandre en feuilles

CORIANDRE

Coriandrum sativum (Linné)
Famille des apiacées

Elle est citée dans l'Ancien Testament et employée dès l'époque des pharaons de la quatrième dynastie. Les peuples de l'Antiquité lui reconnaissaient des qualités aromatiques et thérapeutiques. À Rome, on la considérait comme indispensable en cuisine.

Plante herbacée originaire du Moyen-Orient mesurant de 20 à 80 cm. Ses fleurs rosâtres en doubles ombelles donnent des fruits très caractéristiques, sphériques et striés. La plante fraîche dégage une odeur pénétrante qui devient plus agréable après séchage. Les fruits mûrs séchés et non désagrégés sont employés comme condiment. On les utilise pour leur odeur fruitée agréable et leur goût épicé et doucereux dans les hors-d'œuvre froids « à la grecque ». Les feuilles de coriandre fraîches sont très populaires dans la cuisine asiatique.

AUTRE APPELLATION
Persil arabe, persil chinois, cilantro.

UTILISATION EN CUISINE
Utilisée comme condiment en salades (feuilles), en potages (feuilles) et en hors-d'œuvre (grains), la coriandre sert aussi à parfumer la bière. On peut aussi la mélanger avec du sel et du poivre pour conserver les viandes.

USAGE THÉRAPEUTIQUE
Usage interne : carminatif, antispasmodique, migraine, arythmie cardiaque, calmant, antiémétique, tonique léger surrénalien, atonie intestinale, expectorant. Autrefois, on disait qu'elle était aphrodisiaque et facilitait la mémoire.

CONSERVATION
Par dessiccation, le fruit, qui a la grosseur d'un grain de poivre, devient agréable. Les feuilles séchées perdent toutes leurs saveurs.

PARTICULARITÉS
Le nom coriandre vient du grec koris et andros qui signifie « mari de la punaise », par allusion à l'odeur désagréable des graines fraîches. Dans les grimoires du Moyen-Âge, la coriandre est utilisée dans les sachets pour attirer l'amour. On disait également que les femmes enceintes qui consommaient de la coriandre auraient un enfant ingénieux.

Mactres de Stimpson et pied de veau en cocotte à la coriandre

INGRÉDIENTS

- 1 pied de veau
- 1 oignon
- 1 carotte
- 1 branche de céleri
- 1 bouquet garni
- ½ feuille de laurier
- 2 clous de girofle
- Huile à friture
- 1 piment mexicain haché finement
- 2 gousses d'ail hachées finement
- 2 boîtes de mactres de Stimpson (réserver le jus) ou 150 g (5 oz) de mactres décongelées
- 1 bâton de cannelle
- 1 morceau d'anis étoilé
- 1 morceau d'écorce d'orange séchée
- 1 morceau de réglisse
- Sel et poivre
- 60 g (1 ⅓ tasse) de feuilles de coriandre

PRÉPARATION

Ce coquillage lisse et triangulaire est très courant au Québec et il mérite d'être mieux connu en cuisine. On peut le consommer cuit ou cru. On peut aussi le remplacer par des palourdes ou d'autres coquillages.

• Pour préparer le bouillon, mettre le pied de veau dans une marmite, couvrir d'eau, faire bouillir et écumer. Ajouter l'oignon, la carotte, le céleri, le bouquet garni, le laurier et les clous de girofle. Cuire doucement de 1 h à 1½ h, jusqu'à ce qu'on puisse enfoncer la pointe d'un couteau dans la chair et la retirer facilement. Égoutter et bien éponger le pied de veau cuit. Passer le bouillon au chinois et réserver.

• Couper la chair du pied de veau en dés de 1 cm (½ po) et bien éponger. Chauffer l'huile et frire les dés de pied de veau jusqu'à ce qu'ils soient dorés. Égoutter sur du papier absorbant.

• Verser 1 c. à soupe d'huile à friture dans une cocotte en grès. Faire revenir les piments et l'ail. Ajouter les morceaux de pied de veau, le jus des mactres de Stimpson et finir de recouvrir avec du fond de cuisson du pied de veau. Ajouter la cannelle, l'anis étoilé, l'écorce d'orange et la réglisse. Laisser mijoter 20 min, puis déposer les mactres de Stimpson escalopées sur le dessus.

• Juste avant de servir, saler, poivrer et parsemer de feuilles de coriandre.

LÉGUMES
Pommes de terre vapeur
Panais

Cuisses de poulet farcies
à la coriandre

Demandez à votre boucher de désosser les cuisses de poulet sans les ouvrir. Les rattes sont des pommes de terre réniformes à peau et à chair jaunes qui ont une bonne tenue en cuisson et qui ne noircissent pas une fois cuites. Elles ont la particularité fort avantageuse de ne pas absorber l'eau. On en trouve de plus en plus dans nos marchés.

• Pour préparer la farce, hacher les ingrédients qui la composent à deux reprises à l'aide d'une grille à trous moyens. Bien mélanger avec la palette du hachoir.

• Mélanger la farce avec les échalotes, 60 g (1 ⅓ tasse) de coriandre hachée finement, l'œuf, le sel et le poivre.

• Saler et poivrer l'intérieur et l'extérieur des cuisses de poulet. Les farcir en parties égales et réserver.

• Dans la partie inférieure d'une marmite à étages ou une marguerite, mettre les oignons, les carottes, le céleri, le laurier, le thym, l'ail, le vin et le reste des feuilles de coriandre. Ajouter 1,5 litre (6 tasses) d'eau. Cuire doucement à couvert environ 30 min afin que les saveurs se transmettent bien au liquide. Saler et poivrer au goût en fin de cuisson.

• Une demi-heure avant de servir, déposer les pommes de terre dans le bouillon. Mettre la partie supérieure de la marmite et bien y ranger les cuisses de poulet. Couvrir et cuire de 30 à 40 min à 95 °C (200 °F).

• Verser le bouillon de cuisson dans des bols à consommé avec de petits croûtons grillés. Mettre les cuisses de poulet dans des assiettes creuses, puis servir les légumes et les pommes de terre tout autour.

PRÉPARATION

INGRÉDIENTS

- 210 g (7 oz) de farce de poulet (recette ci-après)
- 45 g (¼ tasse) d'échalotes hachées finement
- 150 g (3 ⅓ tasses) de feuilles de coriandre fraîche
- 1 œuf
- Sel et poivre
- 4 cuisses de poulet désossées
- 1 oignon émincé finement
- 1 carotte coupée finement
- 1 branche de céleri émincée finement
- ¼ feuille de laurier
- 1 branche de thym
- 2 gousses d'ail en chemise
- 250 ml (1 tasse) de vin blanc sec
- 8 pommes de terre rattes
- 30 g (1 oz) de petits croûtons grillés

FARCE DE POULET
- 100 g (3 ½ oz) de cuisses de poulet
- 100 g (3 ½ oz) de foies de poulet
- 100 g (3 ½ oz) d'échine de porc
- 1 œuf
- 60 ml (¼ tasse) de cognac

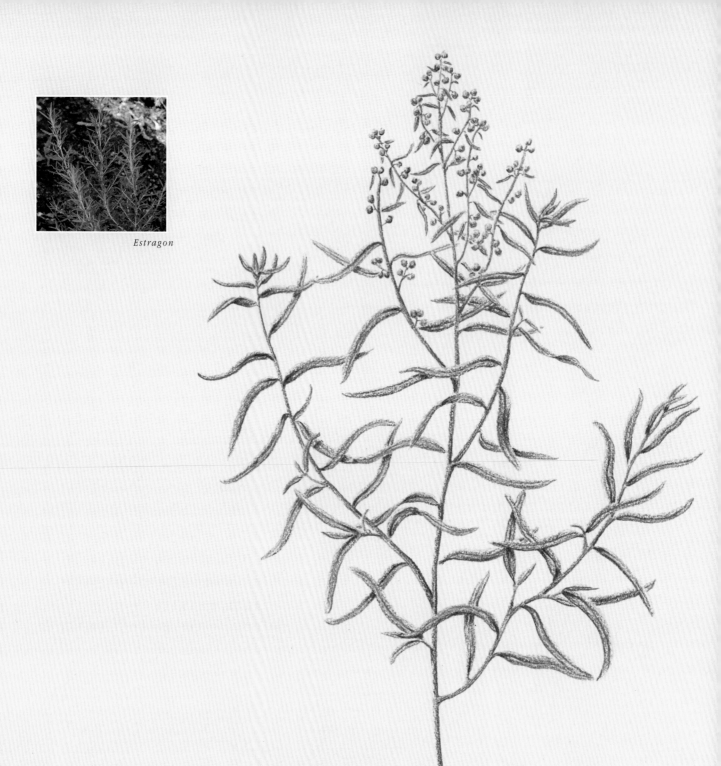

Estragon

E S T R A G O N

Artemisia dracunculus (Linné)
Famille des astéracées

L'estragon est originaire de la Russie méridionale et de la Sibérie. Il était très apprécié des Arabes sous le nom de *tarkhoum* avant de gagner l'Occident, peut-être lors des invasions mongoles, plus probablement grâce aux croisés au XIIe siècle. Aux XIIIe et XIVe siècles, on lui donnait le nom de *targon*, ce qui signifie « petit dragon ».

L'arbrisseau vivace atteint 120 cm de hauteur. La tige est fortement ramifiée, les feuilles sont vertes et lancéolées, les minuscules fleurs verdâtres sont regroupées en capitules. L'estragon répand une odeur fortement aromatique, délicatement épicée et anisée.

AUTRES APPELLATIONS

Dragonne, serpentine, arragone, dragon, fargon.

UTILISATION EN CUISINE

Les feuilles fraîches et tendres servent à parfumer de nombreux plats et sauces. Par contre, la saveur herbacée légèrement anisée de l'estragon est particulière et ne plaît pas à tous. Indispensable à la sauce béarnaise, l'estragon donne aussi un excellent vinaigre.

USAGE THÉRAPEUTIQUE

Stimulant général et digestif, antiseptique interne, carminatif, emménagogue, vermifuge.

CONSERVATION

Les feuilles peuvent être conservées dans des cubes de glace ou blanchies et gardées au congélateur dans des petits sacs de plastique. L'estragon supporte très bien le séchage en gardant tout son arôme.

PARTICULARITÉS

L'estragon corrige agréablement la morosité des régimes sans sel. En Inde, un mélange à base d'estragon et de jus de fenouil faisait partie des boissons préférées des maharajahs.

Liqueur d'estragon

Donne 1 litre (4 tasses)

• Mettre l'estragon, la vanille et le sucre dans un bocal en verre. Verser l'alcool, fermer hermétiquement et laisser macérer dans le garde-manger pendant un mois en remuant de temps à autre.

• Filtrer et mettre en bouteille.

INGRÉDIENTS

- 30 g (³/₄ tasse) de feuilles d'estragon
- 1 gousse de vanille
- 30 g (1 oz) de sucre
- 1 litre (4 tasses) d'alcool à 45°

Suprêmes de pintade farcis à la crème d'estragon

- 4 suprêmes de pintade

FARCE
- 3 tranches de pain blanc
- 125 ml (½ tasse) de crème épaisse (35 %)
- 2 cuisses de pintade dénervées
- 150 g (5 oz) d'échine de porc ou d'épaule de porc
- 100 g (3 ⅓ oz) de chair de veau
- Sel et poivre
- 1 œuf
- 2 c. à soupe de fécule de pomme de terre
- 60 ml (¼ tasse) de cognac
- 20 g (½ tasse) de feuilles d'estragon hachées finement

SAUCE
- 150 ml (⅔ tasse) de vin blanc sec
- 90 g (½ tasse) d'échalotes hachées finement
- 150 g (⅔ tasse) de beurre non salé
- 250 ml (1 tasse) de fond brun de volaille lié ou de demi-glace vendue dans le commerce
- 125 ml (½ tasse) de crème épaisse (35 %)
- 20 g (½ tasse) de feuilles d'estragon hachées finement

LÉGUMES
Riz sauvage et riz blanc mélangés
Crosses de fougère (têtes de violon)
Crosnes
Purée de céleri

Il est conseillé de toujours vérifier le goût d'une farce avant de l'utiliser. Pour ce faire, confectionnez une petite galette et faites-la cuire dans une poêle. Au moment d'y goûter, vous évaluerez l'assaisonnement et la texture, ce qui vous permettra de rectifier éventuellement.

- Laisser tremper le pain dans 125 ml (½ tasse) de crème.
- Pour préparer la farce, à l'aide du hachoir muni de la grille moyenne, hacher les cuisses de pintade, le porc, le veau et le pain trempé à deux reprises.
- Bien remuer, saler et poivrer au goût. Incorporer l'œuf, la fécule, le cognac et la moitié de l'estragon. Réserver au moins 1 h au réfrigérateur.
- Ouvrir les suprêmes, répartir la farce uniformément et recouvrir avec le filet. Envelopper dans de la pellicule plastique et réserver.
- Chauffer de l'eau à 95 °C (205 °F) dans une casserole assez grande pour cuire les suprêmes. Déposer les suprêmes dans l'eau et cuire jusqu'à ce que le thermomètre atteigne 75 °C (167 °F) à cœur.
- Préparer la sauce pendant la cuisson des suprêmes en réduisant à sec le vin et les échalotes. Ajouter le beurre et le fond brun de volaille lié et cuire de 3 à 4 min. Incorporer la crème et l'estragon. Rectifier l'assaisonnement, puis servir très chaud.

Médaillons de baudroie à l'estragon

- 4 brins d'estragon
- Beurre
- 90 g (½ tasse) d'échalotes hachées finement
- Sel et poivre
- 12 médaillons de baudroie de 60 g (2 oz) chacun
- 150 ml (⅔ tasse) de vin blanc sec
- 250 ml (1 tasse) de fumet de poisson (p. 134)
- 250 ml (1 tasse) de crème épaisse (35 %)
- 150 g (⅔ tasse) de beurre non salé

LÉGUMES

Pommes cocottes cuites à l'eau salée ou riz

• Bien équeuter les brins d'estragon, hacher finement les feuilles et couper les tiges en petits morceaux. À l'aide d'un pinceau, badigeonner de beurre le fond d'un plat de cuisson et parsemer avec les échalotes. Saler et poivrer les médaillons de chaque côté, puis les ranger au fond du plat. Verser le vin et le fumet de poisson, parsemer d'estragon, couvrir et mettre au four à 180 °C (350 °F) pendant 6 min. Déposer le poisson sur du papier absorbant et conserver au chaud. Faire réduire le fond de cuisson de 90% et ajouter la crème. Réduire jusqu'à consistance voulue, puis monter au beurre. Rectifier l'assaisonnement. Déposer les médaillons au fond de chaque assiette puis napper avec la sauce à l'estragon.

Cornichons confits au vinaigre

- 2 kg (4 ½ lb) de petits cornichons
- Gros sel
- 3 litres (12 tasses) de vinaigre blanc
- 4 c. à soupe de sel
- 6 branches d'estragon
- 8 gousses d'ail

• Couper les pointes des cornichons, les brosser vigoureuse-ment, les frotter dans un sac avec du gros sel, puis bien les laver et les égoutter.

• Mettre les cornichons dans un grand récipient et les recouvrir de vinaigre blanc. Couvrir et laisser macérer à température ambiante de 2 à 3 jours. Au bout de cette période, les égoutter et faire bouillir le vinaigre en le réduisant du tiers. Ajouter les cornichons et amener à ébullition. Verser immédiatement dans une terrine en grès et couvrir.

• Cinq jours plus tard, remettre ensemble les cornichons et le vinaigre sur le feu, ajouter le sel, l'estragon et l'ail. À ébullition, verser les cornichons, le vinaigre et les éléments aromatiques dans des bocaux et fermer hermétiquement.

Hysope

HYSOPE

Hyssopus officinalis
Famille des lamiacées

Souvent citée dans la Bible, l'hysope doit son nom aux Hébreux pour qui elle était une plante sacrée. Ils l'appelaient *Ezôb*. Elle était très connue des Arabes également. Quant aux Grecs, ils en faisaient une décoction avec de la lavande et du miel.

Comme la lavande et le thym, l'hysope est une plante familière des lieux arides. Ses touffes ligneuses ne dépassent pas 0,50 m et portent de petites feuilles étroites et opposées qui émergent souvent des fissures des rochers et des vieux murs. Les fleurs rosées ou bleues violacées sont groupées à l'aisselle des feuilles.

AUTRES APPELLATIONS
Hyssope, hiope, herbe sacrée, mariarmo.

UTILISATION EN CUISINE
Les feuilles sont plus parfumées que les fleurs. Ces dernières accompagnent toutefois fort bien la salade, plus particulièrement la mâche, avec des pistils de monarde.

USAGE THÉRAPEUTIQUE
Facilite et modifie l'expectoration, s'oppose à la stase des sécrétions bronchiques (l'essence s'élimine par les poumons). Antiseptique, émollient, stimulant, hypertenseur, diurétique.

CONSERVATION
L'hysope accepte bien la déshydratation. Il suffit de la suspendre dans un lieu chaud, sombre et bien aéré. Une fois séchée, la conserver à l'abri de la lumière dans un contenant hermétique.

PARTICULARITÉS
L'hysope est un élément important dans la fabrication de la Chartreuse, liqueur des moines chartreux dont on peut lire une recette maison à la p. 53. «Lave-moi avec de l'hysope et je serai net», disait le roi Salomon qui employait cette plante sacrée avec le bois de cèdre contre la lèpre.

Côtelettes de porc à l'hysope

4 portions

Il est important de ne pas trop cuire le porc. Nos grands-parents le cuisaient beaucoup à cause du ver solitaire. On sait maintenant que celui-ci, rarement présent, est tué à 84 °C (184 °F). De plus, on sait que les porcheries font maintenant preuve d'une hygiène exemplaire et que le ver solitaire ne s'y trouve pratiquement plus.

• Saler et poivrer les côtelettes, puis couvrir avec les feuilles d'hysope. Dans une grande poêle à fond épais, chauffer la graisse de rôti et cuire les côtelettes à feu vif de chaque côté, jusqu'à ce que le thermomètre atteigne 70 °C (160 °F) à cœur.

• Extraire le gras de cuisson de la poêle et flamber les côtelettes avec la Chartreuse. Retirer et réserver au chaud. Dans la même poêle, verser le jus de graisse de rôti, rectifier l'assaisonnement et monter au beurre.

• Verser 1 c. à soupe de jus au fond de chaque assiette, puis déposer les côtelettes. Parsemer de fleurs d'hysope.

- 4 côtelettes de porc de 160 g (5 ⅓ oz) chacune, non désossées
- Sel et poivre
- 60 g (2 oz) de feuilles d'hysope hachées finement
- 120 g (½ tasse) de graisse de rôti
- 125 ml (½ tasse) de liqueur maison style Chartreuse (p. 53)
- 250 ml (1 tasse) de jus de graisse de rôti
- Beurre
- 60 g (2 oz) de fleurs d'hysope

LÉGUMES
Pommes de terre sautées
Panais
Haricots verts

Fromage blanc aromatisé à l'hysope

Fromage blanc aromatisé à l'hysope

INGRÉDIENTS

- 500 ml (2 tasses) de fromage blanc
- 3 petits-suisses
- 90 g (¹/₂ tasse) d'échalotes hachées très finement
- 60 g (2 oz) de feuilles d'hysope hachées finement
- Sel et poivre
- 75 ml (¹/₃ tasse) de crème épaisse (35 %)
- 2 c. à soupe de vin blanc sec
- 2 c. à café (2 c. à thé) d'huile de tournesol
- ¹/₂ gousse d'ail hachée très finement
- 20 g (²/₃ oz) de pistils de fleurs d'hysope
- Tranches de pain croûté grillées

PRÉPARATION

C'est dans la région de Lyon, en France, qu'on trouve une recette de fromage blanc frais fort réputée : la cervelle de canut ou claqueret battu aux herbes. Les fromages blancs de haute qualité fabriqués au Québec sont aussi délicieux. On trouve l'hysope en saison dans les grands marchés.

- Bien mélanger tous les ingrédients, sauf les pistils de fleurs d'hysope et le pain. Verser dans un ramequin et conserver au réfrigérateur.
- Retourner le ramequin sur une assiette et parsemer avec les pistils d'hysope. Servir avec des tranches de pain croûté grillées.

Liqueur maison style Chartreuse

- 32 g d'angélique fraîche
- 16 g de cannelle
- 4 g de safran
- 4 g de macis
- 1 litre (4 tasses) d'alcool à 45 %
- 1,2 kg (5 tasses) de sucre à fruits
- 100 g de mélisse fraîche
- 100 g d'hysope fraîche

Une recette très intéressante du docteur Jean Valnet, phytothérapeute, aromathérapeute et auteur de talent. On peut utiliser cette liqueur pour déglacer un tournedos de bœuf, une escalope de veau, des poitrines de poulet, etc.

- Faire macérer tous les éléments, sauf la mélisse et l'hysope, dans un récipient bien fermé et à l'abri de la lumière au moins une douzaine de jours.
- Dans un filtre à café, ciseler l'hysope et la mélisse. Verser l'alcool de macération. Mettre en bouteille et conserver.

Laurier

L A U R I E R

Laurus nobilis (Linné)
Famille des lauracées

Vénéré par les Grecs et les Romains, le laurier était dédié à Apollon. Son nom vient du latin *laudare* qui signifie «louer». Dans la Rome antique, on en tressait des couronnes pour honorer les poètes, les généraux victorieux et les vainqueurs de compétitions. De nos jours, on remet aux étudiants un baccalauréat (*baccae laurae* = baies de laurier) à la fin de leurs études.

Arbuste à écorce lisse pouvant atteindre 8 m de hauteur, le laurier possède des feuilles persistantes et coriaces vert sombre dont les rebords ondulent de façon caractéristique. Ses fleurs jaunes ou blanches sont petites et s'épanouissent sur des plants différents selon leur nature mâle ou femelle.

AUTRES APPELLATIONS
Laurier noble, laurier commun, laurier d'Apollon, laurier franc, laurier sauce.

UTILISATION EN CUISINE
Le laurier au parfum balsamique est épicé. Son goût amer et chaud a acquis une renommée bien méritée. Indispensable dans la composition du bouquet garni et de nombreux mélanges d'épices, il aromatise en début de cuisson les étuvées, les potages relevés, les cornichons, les légumes, les champignons, les salaisons et les vinaigres.

USAGE THÉRAPEUTIQUE
L'huile tirée de ses drupes, appelée «beurre de laurier», fait merveille sur les articulations douloureuses. Antiseptique, sédatif, stimulant.

CONSERVATION
Séchées à l'air à moins de 35 ºC, les feuilles de laurier se conservent très bien à l'abri de la lumière dans une boîte fermée hermétiquement.

PARTICULARITÉS
Il ne faut pas confondre le laurier apollon, qui est comestible, avec le laurier rose et le laurier cerise qui sont des plantes très vénéneuses. Le laurier était le symbole de la victoire chez les Romains.

Rôti d'esturgeon
aux arômes de laurier

4 portions

Votre boucher vous fournira la crépine, c'est-à-dire la membrane graisseuse et transparente qui entoure les intestins du porc et du veau. On l'utilise entre autres pour maintenir une préparation hachée pendant la cuisson. L'esturgeon était un plat réservé aux rois aux XVIe et XVIIe siècles. Ce poisson de haute qualité est négligé au Canada où l'on en trouve pourtant d'énormes quantités. Son goût étant plutôt neutre, un soupçon de laurier relèvera judicieusement sa saveur. Ce plat doit être dégusté très chaud.

- 120 g (4 oz) de saumon frais
- Sel et poivre
- 1 blanc d'œuf
- 75 ml (⅓ tasse) de crème épaisse (35 %) très froide
- 4 morceaux de filet d'esturgeon de 120 g (4 oz) chacun
- 4 petites crépines
- 12 petits oignons épluchés
- 3 tranches de bacon en petites lanières
- 150 g (5 oz) de champignons en dés
- 60 g (¼ tasse) de beurre non salé
- 250 ml (1 tasse) de vin blanc
- 3 g de laurier en poudre

• À l'aide du robot de cuisine, mélanger le saumon, le sel et le poivre. Ajouter le blanc d'œuf, mélanger de nouveau 20 sec, puis incorporer la crème. Rectifier l'assaisonnement.

• Ouvrir les morceaux d'esturgeon en portefeuille, saler et poivrer. Répartir la farce de façon égale et refermer. Envelopper chaque morceau de poisson dans une crépine et réserver au réfrigérateur.

• Dans un peu d'eau salée, cuire les oignons à moitié, égoutter et réserver. Répéter la même opération avec le bacon et les champignons.

• Dans un plat à sauter, chauffer le beurre et saisir le poisson afin d'obtenir une coloration de chaque côté. Parsemer tout autour les oignons, le bacon et les champignons. Ajouter le vin et le laurier et cuire au four à 200 °C (400 °F) de 6 à 7 min en arrosant souvent. La température à cœur devrait être de 68 °C (155 °F). Servir le morceau d'esturgeon au centre de l'assiette et la garniture autour.

LÉGUMES
Pommes de terre grelots rôties, noisettes ou parisiennes

Lapin sauté aux cardons, effluves de laurier

INGRÉDIENTS

- 250 ml (1 tasse) de vin blanc
- 2 litres (8 tasses) de fond blanc de lapin ou de poulet vendu dans le commerce
- 2 feuilles de laurier
- 1 bouquet garni sans thym
- 1 branche de thym
- 1 litre (4 tasses) de lait
- Sel et poivre
- 1 kg (2 lb) de cardons épluchés et coupés en bâtonnets
- 1 lapin entier de 1,2 kg (2½ lb)
- 125 ml (½ tasse) d'huile d'arachide
- Farine
- 210 g (7 oz) de mirepoix (céleri, carottes, oignons)
- 2 gousses d'ail
- 400 g (13 oz) de pommes de terre parisiennes

PRÉPARATION

Le cardon est une plante potagère dont on mange la côte médiane des feuilles. On en trouve facilement au Québec en saison.

- Dans une casserole, chauffer le vin et le fond de lapin. Faire bouillir avec le laurier, le bouquet garni et le thym pendant 30 min, puis réserver.

- Chauffer le lait, saler et ajouter les cardons. Cuire 12 min. Réserver dans la cuisson.

- Couper le lapin en morceaux de même grosseur, saler et poivrer. Chauffer l'huile dans une cocotte à fond épais. Fariner les morceaux de lapin, puis les faire revenir jusqu'à ce qu'ils prennent une belle coloration.

- Extraire le gras de cuisson de la cocotte, verser le bouillon de laurier, puis ajouter la mirepoix et l'ail. Laisser mijoter doucement à 95 °C (205 °F) jusqu'aux trois quarts de la cuisson, c'est-à-dire quand on enfonce la pointe d'un couteau dans la chair et qu'il est légèrement difficile de la sortir.

- Ajouter les cardons égouttés et les pommes de terre. Cuire de nouveau doucement en arrosant souvent. On doit pouvoir retirer facilement la pointe d'un couteau enfoncée dans une cuisse. Vérifier la cuisson des légumes qui doivent être à point. Servir très chaud.

Lavande commune

L A V A N D E

Lavandula officinalis (Chaix)
Famille des lamiacées

La lavande est originaire de la Méditerranée et les Romains s'en servaient autrefois en l'infusant dans leur bain afin d'en augmenter l'effet relaxant. Son nom viendrait du latin *lavare* qui signifie laver. La lavande est cultivée tout d'abord pour l'odeur de ses huiles essentielles dans les parfums ainsi que pour les vertus thérapeutiques de ses huiles essentielles en herboristerie.

La lavande pousse en touffes. Elle se reconnaît facilement par ses tiges grêles et carrées, ses feuilles linéaires blanchâtres et ses petites fleurs bleues en épis érigés.

AUTRES APPELLATIONS
Lavande vraie, lavande femelle, lavande fine.

UTILISATION EN CUISINE
En petite quantité, la lavande a le pouvoir de relever des mets qui, sans avoir une grande valeur culinaire, deviendront des plus appétissants grâce à elle. Depuis quelques années, elle a retrouvé ses lettres de noblesse en cuisine, surtout en pâtisserie.

USAGE THÉRAPEUTIQUE
Antispasmodique, antiseptique, cholagogue, diurétique, tonus cardiaque, antirhumatismal, emménagogue, hypotenseur, antivenimeux, cicatrisant.

CONSERVATION
Faire sécher les feuilles, les fleurs et les pistils à l'ombre, puis les conserver dans un bocal hermétique ambré à température fraîche.

PARTICULARITÉS
Les pouvoirs antiseptiques et antivenimeux de la lavande sont d'une grande utilité, car elle peut sauver des vies, en frottant simplement les fleurs sur une morsure d'animal venimeux.

Papillotes d'omble chevalier à la lavande

4 portions

PRÉPARATION

INGRÉDIENTS

- 4 filets d'omble chevalier de 180 g (6 oz) chacun
- Sel et poivre
- 120 g (½ tasse) de beurre non salé
- 210 g (7 oz) de feuilles de lavande fraîche
- 90 g (½ tasse) d'échalotes sèches hachées finement
- 250 ml (1 tasse) de vin blanc sec

L'omble chevalier est le nom véritable de ce que nous appelons communément l'omble de l'Arctique. Les deux principaux éléments de cette recette sont d'une grande délicatesse. Attention ! La lavande utilisée devra être achetée en petites feuilles que vous trouverez dans les magasins spécialisés. En ouvrant les papillotes, vous serez enivrés par les odeurs exquises qui serviront de prélude à une heureuse dégustation.

• Saler et poivrer le poisson de chaque côté. Couper des carrés de papier aluminium qui dépasseront de 5 à 7,5 cm (2 à 3 po) les filets de poisson. À l'aide d'un pinceau, bien beurrer les carrés d'aluminium et y répartir la moitié de la lavande. Déposer le poisson, puis couvrir avec le reste de la lavande et les échalotes. Refermer les papillotes en laissant un petit trou sur le dessus pour y verser le vin. Fermer hermétiquement.

• Cuire au four à 200 °C (400 °F) environ 15 min dans une lèchefrite dans laquelle on aura versé un demi-verre d'eau. Les papillotes vont gonfler en cours de cuisson.

LÉGUMES
Pommes de terre vapeur

Jarrets de veau aux endives et à la lavande

INGRÉDIENTS

- 125 ml (½ tasse) d'huile d'arachide
- 60 g (¼ tasse) de beurre non salé
- 2 jarrets de veau de lait non désossés
- 12 endives
- 12 oignons chipolinis ou oignons de semence
- 300 ml (1 ¼ tasse) de vin blanc sec
- 300 ml (1 ¼ tasse) de fond blanc de veau (p. 133) ou de bouillon de poulet vendu dans le commerce
- Sel et poivre
- ½ feuille de laurier
- 210 g (7 oz) de feuilles de lavande hachées très finement

PRÉPARATION

Pendant la cuisson, les jarrets de veau libèrent beaucoup de collagène, lequel sera absorbé par les endives et la lavande. Choisissez une cocotte à fond épais, en fonte de préférence, assez grande pour contenir les jarrets et les endives.

• Chauffer l'huile avec le beurre dans une cocotte et faire revenir les jarrets afin qu'ils prennent une belle coloration. Pendant ce temps, enlever les pédoncules d'amertume des endives (voir p. 137) et éplucher les oignons.

• Enlever l'excédent de graisse de cuisson dans la cocotte, déglacer avec le vin et bien ranger les endives et les oignons en tête à queue. Verser le fond de veau, puis ajouter le sel, le poivre et le laurier. Fermer hermétiquement et cuire au four à 200 °C (400 °F) de 1 à 2 h (selon la grosseur des jarrets), en arrosant souvent, jusqu'à ce qu'on puisse insérer facilement la pointe d'un couteau dans les jarrets et les endives. Si le liquide s'évapore en cours de cuisson, il est important d'en rajouter.

• Retirer les jarrets, les endives et les oignons de la cocotte. Ajouter la lavande au jus de cuisson. Laisser mijoter de 1 à 2 min, puis verser sur les jarrets.

Marjolaine

Grand origan

M A R J O L A I N E

Origanum majorana (Linné)
Famille des lamiacées

Très prisée dans l'Antiquité, la marjolaine servait à confectionner des philtres d'amour. Une légende grecque raconte qu'Amarakos, fils du roi de Chypre, mort pour avoir répandu par mégarde les saintes huiles servant au culte d'Aphrodite, fut métamorphosé en marjolaine par la déesse. La marjolaine était consacrée aux dieux Shiva et Vishnou en Inde et à Osiris en Égypte.

Plante vivace de 20 à 50 cm, feuilles ovales vert clair, petites fleurs blanches ou roses. Toute la plante est recouverte d'un duvet grisâtre répandant une agréable odeur parfumée.

AUTRES APPELLATIONS
Marjolaine des jardins, marjolaine à coquilles, grand origan.

UTILISATION EN CUISINE
Dans les sauces, pour donner aux viandes une saveur plus relevée. Comme condiments dans les marinades, la confection des épices pour farces, ragoûts et sauce, particulièrement la sauce tomate. Accompagne fort bien les salades, les poissons et les légumes. Dans les recettes, on peut la remplacer facilement par l'origan.

USAGE THÉRAPEUTIQUE
Bactéricide puissant, antispasmodique, hypotenseur, vasodilatateur, carminatif, expectorant, digestif. Recommandée contre l'insomnie.

CONSERVATION
La marjolaine peut-être déshydratée à l'ombre à moins de 35 °C et conservée à l'abri de la lumière.

PARTICULARITÉS
La marjolaine aromatise des bières et des vermouths et on l'apprécie pour fabriquer des parfums et des savons. Il ne faut pas confondre la marjolaine avec l'origan. Au Québec, on utilise beaucoup plus souvent ce dernier.

Poitrines de canard farcies, jus à la marjolaine

INGRÉDIENTS

FARCE

- 60 g (2 oz) de cuisses de canard dénervées
- 60 g (2 oz) de foie de canard
- 2 tranches de pain
- 60 ml (¼ tasse) de crème épaisse (35 %)
- 1 blanc d'œuf
- 1 c. à soupe de fécule de pomme de terre ou de maïs
- 90 g (1 ¼ tasse) de marjolaine hachée finement
- Sel et poivre

- 4 poitrines de canard de 240 g (8 oz) chacune
- Sel et poivre
- 60 g (2 oz) de graisse de canard
- 60 g (2 oz) d'armagnac
- 125 ml (½ tasse) de fond brun de canard lié (p. 132) ou de demi-glace
- vendue dans le commerce
- 120 g (½ tasse) de beurre

LÉGUMES

Crosnes
Pommes de terre rattes
Haricots verts
Épinards

PRÉPARATION

Si l'on ne cuit pas la farce avant de farcir les poitrines de canard, on devra faire cuire celles-ci plus longtemps, ce qui fera durcir le muscle qui sera alors trop cuit.

- À l'aide du hachoir, hacher les six premiers ingrédients de la farce à deux reprises à l'aide de la grille moyenne. Bien remuer, ajouter la marjolaine, le sel et le poivre. Façonner 4 petits rouleaux de farce de la longueur des poitrines de canard, les envelopper dans de la pellicule plastique et ficeler. Cuire à l'eau à 100 ºC (212 ºF) de 5 à 6 min et rafraîchir à l'eau froide. Réserver.

- Ouvrir les poitrines de canard en portefeuille. Saler, poivrer et farcir avec les rouleaux de farce cuits. Refermer, saler et poivrer. Réserver.

- Dans un plat à sauter, chauffer la graisse de canard et saisir les poitrines côté peau de 2 à 3 min, puis de l'autre côté de la même façon. Couvrir à moitié et laisser à feu moyen de 7 à 8 min. Extraire le gras de cuisson du plat et flamber les poitrines à l'armagnac. Retirer du plat et réserver au chaud. Dans le même plat, ajouter le fond de canard lié et monter la sauce au beurre. Rectifier l'assaisonnement.

- Verser la sauce au fond de chaque assiette. Escaloper les poitrines et les servir sur la sauce.

Pommes de terre rattes confites
à la marjolaine

4 portions

- Dans une poêle à fond épais, chauffer 60 g (2 oz) de graisse de canard et faire sauter les pommes de terre de 2 à 3 min. Mettre dans un plat et recouvrir avec le reste de gras de canard, la gousse d'ail et la marjolaine. Saler, poivrer et cuire au four de 40 à 45 min à 180 °C (350 °F), jusqu'à ce qu'on puisse y insérer facilement la pointe d'un couteau.

- 240 g (8 oz) de graisse de canard
- 1 kg (2 lb) de pommes de terre rattes, pelées et épongées
- 1 gousse d'ail
- 20 g (½ tasse) de feuilles de marjolaine
- Sel et poivre

Côte de bœuf sautée,
jus à la marjolaine

4 portions

- Sel et poivre
- 2 côtes de bœuf de 600 g (20 oz) chacune, non désossées
- 40 g (1 tasse) de marjolaine hachée finement
- 75 ml (⅓ tasse) d'huile d'arachide
- 120 g (½ tasse) de beurre non salé
- 250 ml (1 tasse) de vin blanc sec
- 175 ml (¾ tasse) de fond de bœuf clair

- Saler et poivrer les côtes de bœuf sur les deux faces, puis frotter chaque côté avec 10 g (¼ tasse) de marjolaine. Chauffer une lèchefrite à fond épais avec l'huile et 60 g (¼ tasse) de beurre. Saisir les côtes de chaque côté pour qu'elles prennent une belle coloration.
- Mettre les côtes au four à 230 °C (450 °F) en les arrosant de temps à autre. À 54 °C (130 °F), elles seront saignantes ; à 58 °C (136 °F), elles seront à point. On doit toujours laisser reposer une viande au chaud de 7 à 8 min avant de la servir. Profiter de ce temps de repos pour faire le jus en enlevant le gras de cuisson de la lèchefrite et en déglaçant avec le vin et le fond de bœuf. Monter au beurre tout en rectifiant l'assaisonnement.
- Verser un peu de jus de bœuf au fond de chaque assiette. Découper des tranches de bœuf et déposer dans le jus.

LÉGUMES
Gratin dauphinois
Haricots verts extrafins

Mélisse

M É L I S S E

Melissa officinalis (Linné)
Famille des lamiacées

Les auteurs de l'Antiquité la mentionnaient sans toutefois lui porter le moindre intérêt. Les Arabes du Xe siècle vantaient son pouvoir de cordial et de remède contre la mélancolie. Cette idée a été reprise par un phytothérapeute au début du XXe siècle. Ce dernier prétendait que la mélisse avait le pouvoir de dissiper les crises de mauvaise humeur chez les jeunes.

Plante vivace de 0,2 m à 0,8 m, tiges en touffe ramifiées dès la base, dressées, feuilles grandes ovales, pétiolées, dentées, à nervures saillantes. Fleurs jaunâtres, puis blanches ou rosées.

AUTRES APPELLATIONS

Citronnelle, citronnade, piment des abeilles.

UTILISATION EN CUISINE

Son nom évoque le miel. Jeune, la mélisse exhale un agréable parfum rappelant celui du citron. Son utilisation est fort agréable dans les salades composées ou avec les poissons à chair maigre.

USAGE THÉRAPEUTIQUE

Action tonique sur le cerveau, le cœur, l'utérus et l'appareil digestif. Antispasmodique, stimulant physique et intellectuel, stomachique, carminatif, vermifuge.

CONSERVATION

Les feuilles de mélisse peuvent être déshydratées, mais leurs arômes ne durent pas très longtemps.

PARTICULARITÉS

La mélisse entre dans la composition de la Chartreuse, de la Bénédictine et de l'eau de mélisse des Carmes. Au XVIIe siècle, elle était l'arme des médecins pour lutter contre la dépression nerveuse. On la recommande aussi pour la digestion difficile et les troubles digestifs avec palpitations.

Homards des îles de la Madeleine aux effluves de mélisse

INGRÉDIENTS

- 4 à 5 litres (16 à 20 tasses) de court-bouillon (p. 133)
- 4 homards de 600 g (1¼ lb) chacun
- 2 boîtes de bisque de homard ou 400 ml (1 ²⁄₃ tasse) de sauce homardine
- 150 g (²⁄₃ tasse) de beurre
- 2 échalotes sèches hachées finement
- 125 ml (½ tasse) de cognac
- 150 ml (²⁄₃ tasse) de vin blanc
- 250 ml (1 tasse) de crème épaisse (35 %) réduite de 50%
- 60 g (2 oz) de feuilles de mélisse hachées finement
- Sel et poivre

SAUCE HOMARDINE
- 900 g (2 lb) de homards ou de carcasses de homard
- 60 ml (¼ tasse) d'huile d'olive
- 3 c. à soupe de beurre doux
- 2 c. à soupe d'échalotes hachées
- ½ gousse d'ail sans le germe, haché
- 125 ml (½ tasse) de cognac
- 125 ml (½ tasse) de vin blanc
- 875 ml (3½ tasses) de fumet de poisson (p. 134)
- 30 g (1 oz) de pâte de tomate
- 5 g de persil coupé grossièrement
- 1 g de cayenne
- 1 c. à café (1 c. à thé) de sel

PRÉPARATION

- Dans une grande marmite, cuire deux homards à la fois dans le court-bouillon pendant 3 min. Laisser refroidir les quatre homards dans le court-bouillon afin qu'ils s'imprègnent des herbes et des légumes aromatiques.

- Décortiquer les homards afin d'enlever la chair. Couper les queues en deux et laisser les pinces entières.

- Chauffer la bisque de homard. Pendant ce temps, dans un plat à sauter, chauffer 80 g (⅓ tasse) de beurre et fondre les échalotes doucement. Ajouter la chair des homards, puis flamber avec le cognac. Verser le vin, puis réduire de 90% afin d'enlever l'acidité.

- Ajouter la crème réduite et verser la bisque de homard. Laisser mijoter doucement, puis monter avec le beurre restant. Ajouter la mélisse juste avant de servir. Saler et poivrer au goût. Servir dans des assiettes creuses avec des pommes de terre cuites à l'eau.

Sauce homardine (8 portions)

- Couper la queue des homards en darnes et briser les pinces. Fendre le coffre en deux dans le sens de la longueur. Enlever la poche de gravier située près de la tête, puis réserver les parties crémeuses et les chairs.

- Dans un plat à sauter, faire chauffer l'huile et le beurre, puis saisir vivement les morceaux de carapace jusqu'à l'obtention d'une coloration rouge. Enlever le surplus de gras et ajouter tous les autres ingrédients.

- Couvrir et cuire de 200 à 230 °C (400 à 450 °F) environ 30 min. Égoutter les morceaux de carapace et les piler dans un chinois à l'aide d'un pilon pour extraire le maximum de jus des carapaces. Mettre le jus ainsi extrait dans la sauce avec les parties crémeuses et les chairs du homard. Cuire à feu vif et faire réduire en fouettant. Passer au chinois étamine ou à la passoire à mailles fines. Réserver au réfrigérateur jusqu'à l'utilisation.

Suprêmes de poulet sautés, sauce à la mélisse

4 portions

• Faire bouillir le fond de poulet. Ajouter la mélisse, le citron et l'ail. Cuire 15 min, couvrir et laisser infuser.

• Saler et poivrer les poitrines de poulet. Chauffer le beurre dans un plat à sauter, puis faire revenir doucement les poitrines pour qu'elles aient une couleur bien dorée. Extraire le gras de cuisson du plat et déglacer avec le vin blanc. Réduire de 95 % et ajouter le bouillon de mélisse. Cuire doucement pour atteindre 75 °C (170 °F) à cœur.

• Enlever les poitrines du plat, puis lier avec un peu de roux blanc. Passer au chinois, rectifier l'assaisonnement et servir bien chaud.

- 300 ml (1 ¼ tasse) de fond blanc de poulet (p. 132)
- 100 g (3 ⅓ oz) de feuilles de mélisse ciselées
- Jus d'un citron
- 1 gousse d'ail entière
- Sel et poivre
- 4 poitrines de poulet de 150 à 180 g (5 à 6 oz) chacune
- 120 g (4 oz) de beurre non salé
- 250 ml (1 tasse) de vin blanc sec
- Roux blanc (p. 134)

Menthe du Canada

Menthe poivrée

Menthe verte

Menthe pouliot

M E N T H E

Menthe poivrée – Mentha piperita (Linné)
Menthe crépue – Mentha spicata (Linné)
Famille des lamiacées

Dans la mythologie grecque, la nymphe Mintha, aimée d'Hadès, s'attira la colère de Perséphone, épouse du dieu des enfers, qui se vengea en la métamorphosant en menthe sans pouvoir l'empêcher pour autant d'exhaler son odeur irrésistible. Hippocrate et Aristote attribuaient à la menthe des vertus aphrodisiaques.

Menthe crépue : plante vivace qui peut atteindre 1 m de hauteur. Elle possède des feuilles sessiles, lancéolées, vert brillant et dentées qui répandent une fraîcheur et une odeur pénétrante mentholée offrant des notes épicées et herbacées. Sa saveur est chaude et aromatique avec une légère astringence et un soupçon d'amertume.

Menthe poivrée : hybride stérile provenant du croisement de trois autres espèces de menthe, toutes natives de l'Europe méridionale.

UTILISATION EN CUISINE

En infusion digestive après le repas, mais aussi dans les soupes et les potages. La menthe accompagne bien l'agneau et le mouton dans plusieurs cuisines anglo-saxonnes. Plusieurs desserts et sorbets savent la mettre en valeur. Elle est aussi utilisée avec des fromages, des cocktails et des jus de fruits frais.

USAGE THÉRAPEUTIQUE

Stimulant cardiaque, galactophobe, carminatif, antioxydant, antiviral, antifongique, stimulant du système nerveux, tonique général, emménagogue, expectorant, vermifuge, antispasmodique (gastrique, colique), antiseptique général.

CONSERVATION

Les feuilles récoltées sont rapidement mises à sécher à l'ombre et à une température inférieure à 35 °C pour éviter la perte d'arôme.

PARTICULARITÉS

La menthe entre dans la composition de la Bénédictine. Dans les pays arabes, le délicieux thé à la menthe est synonyme d'hospitalité.

ESPÈCES DE MENTHE

Il existe au-delà de 600 espèces connues de menthe et parmi celles-ci il y a la menthe poivrée, la menthe douce, la menthe à feuilles rondes panachées, la menthe chocolat, la menthe aquatique, la menthe citron, la menthe des champs, la menthe pouliot, la menthe sylvestre, la menthe du Canada, etc.

Thon de l'Atlantique au beurre de menthe

4 portions

Achetez le thon rouge la veille de son utilisation. Vous pouvez le remplacer par le thon ventru, l'albacore à nageoires jaunes, le germon atlantique, la bonite à dos rayé et la bonite à ventre rayé.

- La veille, saler et poivrer uniformément le thon. Déposer dans un récipient à fermeture hermétique. Déposer autour les échalotes, les brins de menthe (sans les feuilles), le vin, la crème de menthe et la moitié de l'huile. Couvrir de pellicule plastique et laisser au réfrigérateur de 24 à 36 h en retournant de temps à autre.

- Couvrir le beurre de pellicule plastique et le laisser reposer à la température ambiante au moins 6 h avant le repas.

- Trente minutes avant la cuisson, bien égoutter et éponger les morceaux de thon. Réduire la marinade de 90% à feu vif et passer au chinois ou à la passoire fine en pressant bien le jus. Laisser refroidir. Mélanger avec le beurre et réserver à la température ambiante. Bien mélanger les feuilles de menthe réservées à la marinade réduite et refroidie. Saler, poivrer et verser dans une saucière.

- Chauffer le gril ou une poêle à fond cannelé et badigeonner le thon avec le reste de l'huile. Saisir le poisson jusqu'à ce que la température atteigne 63 °C (145 °F), ou moins si l'on préfère la cuisson saignante ou bleue.

- Laisser le thon cuit reposer pendant 3 ou 4 min. Servir avec des nouilles chinoises. Déposer le beurre de menthe sur le thon. Il glissera sur les nouilles et parfumera merveilleusement l'ensemble.

- 4 morceaux de filet de thon rouge ou autre de 180 g (6 oz) chacun
- Sel et poivre
- 90 g (½ tasse) d'échalotes hachées très finement
- 6 brins de menthe ciselés (hacher les feuilles séparément et réserver)
- 250 ml (1 tasse) de vin blanc sec
- 6 c. à soupe de crème de menthe ou de peppermint
- 125 ml (½ tasse) d'huile de pépins de raisins
- 180 g (¾ tasse) de beurre non salé

Liqueur de menthe

4 portions

- Faire infuser les feuilles de menthe dans l'alcool pendant 2 mois dans le garde-manger.

- Au bout de cette période, faire fondre le sucre avec l'eau et laisser cuire jusqu'à l'obtention d'un sirop. Écumer et laisser refroidir, puis mélanger l'alcool préalablement filtré.

- Pour préparer le caramel, faire fondre le sucre dans l'eau et cuire jusqu'à caramélisation de couleur dorée. Arrêter la cuisson et ajouter ce caramel à la liqueur en petite quantité pour obtenir la couleur voulue.

Jambon braisé à la menthe et au miel

4 à 6 portions

Demandez à votre boucher de vous fournir un jambon demi-sel, qui contient évidemment beaucoup moins de sel que le jambon ordinaire. Laissez-le dans un récipient et faites couler un filet d'eau froide dessus pendant au moins 1 à 2 heures.

- Dans une grande marmite, faire bouillir le jambon avec les carottes, les oignons, le céleri, l'ail, le thym, le laurier, les brins de menthe, le poivre et les clous de girofle. Laisser mijoter à 95 °C (205 °F) jusqu'à ce qu'on puisse insérer la pointe d'une aiguille dans le jambon et la sortir facilement. Laisser le jambon dans son bouillon pendant au moins 2 h.

- Retirer le jambon de son bouillon et bien l'égoutter. Enlever la couenne et une partie du gras. Chauffer une cocotte à fond épais allant au four, déposer la couenne et le gras, puis le jambon. Couvrir et cuire au four à 200 °C (400 °F) pendant 30 min.

- Mélanger le miel avec les feuilles de menthe et badigeonner le jambon. Verser autour le vin et le fond de porc et remettre au four à *gril* jusqu'à légère coloration. Servir très chaud avec le jus.

PRÉPARATION

INGRÉDIENTS

- 200 g (5 tasses) de feuilles de menthe ou de verveine fraîches, fraîchement cueillies de préférence, lavées et épongées
- 1 litre (4 tasses) d'alcool à 45 %
- 720 g (3 tasses) de sucre à fruits
- 250 ml (1 tasse) d'eau

CARAMEL
- 60 g (¼ tasse) de sucre
- 60 ml (¼ tasse) d'eau

- 1,5 kg (3 ⅓ lb) de jambon salé cru non désossé
- 2 carottes en mirepoix
- 1 oignon en mirepoix
- 1 branche de céleri en mirepoix
- 4 gousses d'ail en chemise
- 1 brin de thym
- ¼ feuille de laurier
- 8 brins de menthe sans feuilles
- 20 grains de poivre
- 2 clous de girofle
- 250 ml (1 tasse) de miel de menthe
- 60 g (2 oz) de feuilles de menthe hachées finement
- 300 ml (1 ¼ tasse) de vin blanc
- 300 ml (1 ¼ tasse) de fond de porc (jus de cuisson)

LÉGUMES
Riz
Carottes
Pois mange-tout

Moutarde brune

M O U T A R D E

Moutarde noire – Brassica nigra (Linné)
Moutarde blanche – Brassica alba (Boissier)
Famille des crucifères

Quatre siècles avant notre ère, Théophraste mentionne déjà la culture de la moutarde ; c'est le « sénevé » de l'évangile. Columelle parle de son usage comme condiment, mais il s'agissait alors des feuilles confites dans le vinaigre. L'emploi de la pâte condimentaire obtenue en broyant ses graines dans un verjus ou un moût de raisin se répandit vers le XIIIe siècle. Le mot moutarde est apparu pour la première fois en 1288. Il vient de *mostarde*, qui signifie « moût ardent ou brûlant ».

Il existe trois sortes de moutarde : la noire, la blanche et la brune. Plante annuelle atteignant une hauteur de 1 à 2 m, elle porte des fruits ou siliques longs de 10 à 20 mm renfermant des graines rouges, brunes, jaunes ou blanches selon les variétés. Les principales sortes de moutarde sont la moutarde de Dijon, fruitée et forte, à base de verjus et de moutarde noire. La moutarde extraforte, très piquante, est faite à base de vinaigre de vin et de moutarde noire.

AUTRES APPELLATIONS
Sénevé, moutarde officinale.

VARIÉTÉS DE MOUTARDES
Moutarde de Dijon, de Meaux, en poudre, allemande, aromatisées (herbes, raifort, fruits, citron, piments, vin, liqueur, poivre, etc.).

UTILISATION EN CUISINE
La moutarde est la base de certaines sauces qui accompagnent à merveille des viandes et des poissons grillés. Elle relève également le goût des sandwiches garnis et des plats froids. Elle accommode aussi d'autres épices et fines herbes dont elle renforce l'arôme.

USAGE THÉRAPEUTIQUE
Bronchite, congestion, rhumatisme, soin des pieds, mucolytique, stimulant.

CONSERVATION
Les graines de moutarde déshydratées peuvent être conservées très longtemps.

PARTICULARITÉS
Dès le XVIIIe siècle, le cataplasme à base de poudre de moutarde aidait à soigner la bronchite.

4 portions

INGRÉDIENTS

- 2 rognons entiers de 240 à 300 g (8 à 10 oz) chacun avec leur graisse de veau de lait
- Sel et poivre

SAUCE
- 250 ml (1 tasse) de vin blanc sec
- 90 g (½ tasse) d'échalotes hachées finement
- 125 ml (½ tasse) de moutarde de Dijon forte
- 125 ml (½ tasse) de crème épaisse (35 %)
- 150 ml (⅔ tasse) de fond brun de veau lié (p. 133) ou de demi-glace vendue dans le commerce
- 20 g (½ tasse) de ciboulette ciselée

LÉGUMES
Pommes de terre en purée ou riz pilaf
Panais
Brocoli
Chou-fleur

PRÉPARATION

Il est important que vous choisissiez des rognons de première qualité provenant d'un veau de lait. Les rognons de veau lourd ou de veau de grain sont beaucoup trop gros et doivent être cuisinés différemment. Ils ne conviennent pas à cette recette.

• Couper les rognons en deux sur la longueur. Bien enlever le canal urinaire ainsi que 80 % du gras qui les entoure. (Il faut en laisser un peu puisqu'il «nourrira» les rognons en cours de cuisson.) Réserver au réfrigérateur.

• Pour préparer la sauce, faire réduire le vin et les échalotes à 90 %, à feu vif, dans une casserole. Ajouter la moutarde et fouetter continuellement de 1 à 2 min afin qu'elle perde son acidité. Ajouter la crème et le fond de veau et laisser mijoter quelques minutes. Rectifier l'assaisonnement et incorporer la ciboulette. Réserver.

• Chauffer le gril ou une poêle à fond cannelé chaude. Saler et poivrer les rognons et les saisir pour qu'ils prennent une belle coloration. Baisser la température et poursuivre la cuisson jusqu'à ce qu'ils soient cuits tout autour en conservant une petite pointe de rosé au centre. Plus on cuit les rognons, plus ils durcissent.

• Servir les rognons au fond des assiettes individuelles, puis napper avec la sauce moutarde.

Poulet sauté à la moutarde au cassis

4 portions

Vous pouvez remplacer la moutarde au cassis par n'importe quelle autre moutarde que vous aimez. Vous pouvez aussi utiliser de la moutarde de Dijon que vous mélangerez avec de la crème de cassis.

- 4 cuisses de poulet de 180 à 210 g (6 à 7 oz) chacune
- Sel et poivre
- 75 ml ($^1/_3$ tasse) d'huile de cuisson
- 60 g ($^1/_3$ tasse) d'échalotes hachées finement
- 250 ml (1 tasse) de vin blanc
- 125 ml ($^1/_2$ tasse) de fond de poulet
- 80 g ($^1/_3$ tasse) de beurre
- Moutarde au cassis

• Bien éponger les cuisses de poulet, saler et poivrer. Chauffer l'huile dans un plat à sauter. Déposer les cuisses bien à plat et les saisir sur toutes les faces pour qu'elles soient bien colorées. Cuire au four à 200 °C (400 °F) en arrosant régulièrement. Lorsque la température atteint 65 °C (150 °F) au thermomètre, extraire le gras de cuisson du plat. Jeter les échalotes dans le plat et déglacer avec le vin.

• Retirer les cuisses du plat, les déposer dans une lèchefrite, ajouter le fond de poulet, le sel et le poivre. Monter le jus avec le beurre et réserver. Bien badigeonner les cuisses avec la moutarde et remettre au four assez chaud. En continuant la cuisson au four, la moutarde formera une croûte et son acidité disparaîtra. Lorsque le thermomètre indique 81°C (180 °F) sur l'arrière de la cuisse, la cuisson est à point.

• Verser le jus au fond de chaque assiette, puis déposer les cuisses. Le croustillant moutardé préservera la consistance moelleuse du poulet.

LÉGUMES

Pommes de terre en purée
Haricots verts
Carottes
Panais

Buccins en salade, sauce rémoulade

- 100 g (3 ⅓ oz) d'herbes salées
- 125 ml (½ tasse) de mayonnaise maison ou vendue dans le commerce
- 60 ml (¼ tasse) de moutarde de Dijon
- Jus de citron
- 90 g (3 oz) de noisettes concassées grillées
- Sel et poivre
- 400 g (13 oz) de buccins précuits ou en conserve, émincés en tranches de même grosseur

Au Québec, on donne à tort le nom de bourgots aux buccins.

• Faire bouillir les herbes salées dans l'eau pour enlever la force du sel. Au besoin, répéter deux fois. Égoutter et bien éponger.

• À l'aide d'un fouet, bien mélanger la mayonnaise, la moutarde, le jus de citron et les noisettes. Saler et poivrer au besoin. Incorporer les buccins et les herbes salées. Rectifier l'assaisonnement et servir très frais.

Grande ortie

O R T I E

Grande ortie – *Urtica dioica* (Linné)
Petite ortie – *Urtica urens* (Linné)
Famille des urticacées

Depuis des millénaires, l'humain a utilisé l'ortie comme nourriture et comme remède. Originaire d'Eurasie, l'ortie a été ignorée par la nouvelle médecine européenne et américaine, mais le peuple n'a jamais cessé de la consommer. L'ortie a une place de choix dans le textile tout comme son cousin le chanvre qui est aussi une fibre de premier choix.

Vivace dioïque de 0,5 à 1,5 m, tiges dressées et simples, feuilles opposées, ovales en cœur, à dents triangulaires, poilues, fleurs vertes (juin-octobre), en grappes ramifiées, 4 sépales, 4 étamines ou 1 ovaire, stigmate en pinceau, akène ovoïde, 1 graine, rhizome rampant, saveur astringente, aigrelette.

AUTRES APPELLATIONS
Ortie piquante, grande ortie, ortie dioïque.

UTILISATION EN CUISINE
La soupe aux orties est un classique de la cuisine. L'ortie doit être récoltée avant que ses tiges ne durcissent. On peut l'utiliser comme l'épinard, mais elle contient plus de fer que celui-ci. Les feuilles accompagnent bien les pommes de terre, le poireau, le cresson, le chou et les légumineuses. Ne pas l'utiliser crue.

USAGE THÉRAPEUTIQUE
Antianémique, antidiabétique, astringente, dépurative, diurétique, galactagogue, hémostatique, révulsive.

CONSERVATION
Les feuilles peuvent être déshydratées à moins de 35 ºC et conservées à l'abri de la lumière dans des bocaux fermés hermétiquement.

PARTICULARITÉS
Au moment de la cueillette, il ne faut jamais toucher le sommet des feuilles si on veut éviter d'avoir la peau irritée. L'ortie contient beaucoup de chlorophylle, utilisée abondamment dans le domaine industriel.

Dos de brochet aux orties et à l'orpin

INGRÉDIENTS

- 120 g (½ tasse) de beurre non salé
- 4 morceaux de dos d'un petit brochet de 210 g (7 oz)
- Sel et poivre
- 90 g (3 oz) d'oignons espagnols hachés finement
- 210 g (7 oz) de feuilles d'orpin pourpre
- 210 g (7 oz) de feuilles d'ortie
- 250 ml (1 tasse) de vin rouge
- 300 g (10 oz) de pommes de terre noisette
- Roux blanc (p. 134)
- 210 g (7 tasses) de persil haché

PRÉPARATION

Le dos de brochet est la partie centrale du poisson avec ses arêtes. Pourquoi choisir un petit brochet? Parce que le brochet possède beaucoup d'arêtes. Les arêtes des brochetons offrent l'avantage de fondre dans la chair en cours de cuisson. On trouve de l'orpin pourpre partout au Québec. Les jeunes feuilles croquent sous la dent comme celles du chou. Cuites, elles remplacent les épinards et offrent un goût d'oseille.

• À l'aide d'un pinceau, bien beurrer le fond d'un plat de cuisson pouvant contenir aisément les dos de brochet. Saler et poivrer l'extérieur et l'intérieur des dos et les ranger dans le plat. Répartir autour les oignons, l'orpin et l'ortie. Ajouter le vin. Couvrir avec une feuille de papier sulfurisé et cuire au four à 200 °C (400 °F) pendant 8 min. Retirer les dos de brochet et les garder au chaud.

• Passer le jus de cuisson au chinois et y faire cuire les pommes de terre. Lorsqu'elles sont cuites, lier le jus de cuisson avec du roux blanc afin d'obtenir la consistance voulue. Passer de nouveau au chinois et rectifier l'assaisonnement.

• Déposer les dos de brochet dans un plat de service. Entourer avec les pommes de terre et verser la sauce dessus. Parsemer de persil.

Œufs pochés, purée d'ortie et sauce hollandaise

4 portions

On utilise toujours le beurre doux en raison de sa plus grande densité en gras.

• Pour préparer la sauce hollandaise, faire fondre le beurre.

• Dans une casserole, faire réduire de 90% le vin, les échalotes et le vinaigre. Passer la réduction au chinois étamine ou à la passoire à mailles fines. Laisser tiédir.

• Dans un récipient rond à l'épreuve de la chaleur, bien mélanger au fouet les jaunes d'œufs, la réduction, le sel et le poivre. Au bain-marie tiède, bien émulsionner ce mélange jusqu'à ce qu'il fasse ruban (comme une crème fouettée). Cette opération est très importante, car c'est l'émulsion des jaunes d'œufs combinée à l'acide du vin blanc au bain-marie qui assure la réussite de cette sauce.

• Incorporer le beurre fondu petit à petit pour que le mélange soit onctueux. Ajouter du jus de citron au besoin.

• Chauffer l'huile dans une grande casserole à feu moyen. Faire tomber les feuilles d'ortie jusqu'à complète évaporation de l'humidité. Saler, poivrer et réserver.

• Remplir un plat à sauter avec de l'eau et amener à ébullition avec le vinaigre. Casser les œufs dans l'eau tourbillonnante et cuire de 4 à 5 min (selon leur grosseur) jusqu'à ce qu'ils soient mollets. Égoutter sur un linge.

• Au fond de chaque assiette, disposer deux petits cercles de purée d'ortie, déposer un œuf sur chaque cercle, puis napper avec la sauce hollandaise. Servir avec les pommes de terre.

INGRÉDIENTS

SAUCE HOLLANDAISE
- 180 g (³/₄ tasse) de beurre non salé
- 125 ml (½ tasse) de vin blanc
- 30 g (1 oz) d'échalotes hachées
- 2 c. à café (2 c. à thé) de vinaigre blanc
- 4 jaunes d'œufs
- Sel et poivre blanc
- Jus d'un demi-citron (au besoin)

- 125 ml (½ tasse) d'huile d'olive extravierge
- 1 kg (2 lb) de jeunes feuilles d'ortie, lavées et égouttées
- Sel et poivre
- 20 ml (1 c. à soupe + 1 c. à thé) de vinaigre blanc
- 8 œufs
- Petites pommes de terre rattes cuites à l'eau salée

Oseille

Oseille commune

Oseille glacière

O S E I L L E

Rumex acetosa
Famille des polygonacées

Plante originaire du nord de l'Asie qui ressemble un peu à l'épinard même si elle ne fait pas partie de la même famille botanique. L'Antiquité semble l'avoir complètement dédaignée. Dans la cuisine du Moyen-Âge, on l'utilisait pour parfumer, à l'état cru, des sauces pour le gibier.

Plante vivace de 0,30 m à 1 m de hauteur. Sa tige est rougeâtre, striée, creuse et ramifiée. Les feuilles sont grandes, vert foncé dessus et glauque dessous, en fer de flèche embrassantes et munies d'oreillettes. Ses fleurs sont vertes ou rougeâtres.

AUTRES APPELLATIONS
Oseille commune, grande oseille, vinette, surelle.

UTILISATION EN CUISINE
Cette plante est très acide à cause de son exposition au soleil. L'oseille s'accorde fort bien avec plusieurs poissons dont elle met le goût en valeur. Elle fait partie de grands classiques de la cuisine (crème d'oseille, salades, bouillon de volaille et plats de légumes, etc.).

USAGE THÉRAPEUTIQUE
Antiscorbutique, apéritive, diurétique, emménagogue, laxative, rafraîchissant stomachique, tonique.

CONSERVATION
L'oseille doit être cuite, puis congelée ou stérilisée.

PARTICULARITÉS
Dans L'île mystérieuse de Jules Verne, on lit que les naufragés se réjouissent de la découverte de plants d'oseille dont le pouvoir antiscorbutique n'est pas à dédaigner. Il ne faut jamais cuire l'oseille dans une casserole en aluminium et on recommande de la couper avec un couteau en acier inoxydable.

Gratin d'herbes

INGRÉDIENTS

- 4 à 5 litres (16 à 20 tasses) d'eau salée
- 150 g (5 oz) de feuilles d'épinards
- 150 g (5 oz) de feuilles d'oseille
- 150 g (5 oz) de feuilles de côtes de bettes
- 150 g (5 oz) de feuilles de laitue Boston
- 150 g (5 oz) de feuilles de chicorée
- 150 g (5 oz) de feuilles de jeune chou de Savoie
- 90 g (3 oz) de graisse de canard
- 1 oignon espagnol ciselé
- 1 gousse d'ail hachée finement
- Sel et poivre
- 2 œufs
- 150 ml (²/₃ tasse) de lait
- 30 g (1 tasse) de pluches de cerfeuil

PRÉPARATION

Les légumes qui figurent dans cette recette ne devront comporter que les feuilles sans les côtes. Ce gratin accompagne bien les poissons, l'agneau, le bœuf et la volaille.

• Chauffer l'eau salée dans une marmite. Plonger très rapidement les épinards, l'oseille, les bettes, la laitue, la chicorée et le chou de Savoie. Rafraîchir immédiatement, égoutter puis bien presser avec les mains afin d'enlever le maximum d'eau. Hacher finement au couteau et réserver.

• Dans une casserole, chauffer la graisse de canard à feu moyen et étuver les oignons et l'ail. Ajouter les herbes réservées, le sel et le poivre. Ne pas laisser chauffer. Battre légèrement les œufs avec le lait et verser dans la casserole en remuant.

• Verser dans un plat de cuisson et cuire four à 200 °C (400 °F) jusqu'à ce que le plat soit gratiné. Parsemer de cerfeuil et servir immédiatement.

Alose à l'oseille

Voici une merveilleuse recette de ma grand-mère. L'alose est un poisson voisin du hareng. Sa chair est si délicate que les vieux lui avaient donné le surnom de «noisette aquatique». Ce poisson est succulent, mais si ses arêtes ne sont pas ramollies, il est difficile de le déguster sans inconvénient.

PRÉPARATION

• Mettre l'alose dans un plat à sauter et faire des incisions en quadrillage de 1 cm (½ po) de profondeur de chaque côté. Saler, poivrer et verser l'huile dessus. Couvrir de pellicule plastique et réserver au réfrigérateur.

• Chauffer l'eau salée, déposer les poireaux et cuire 20 min. Retirer les poireaux, mettre l'oseille et cuire 1 ou 2 min. Égoutter. Lorsqu'elle sera refroidie, enlever l'excédent d'humidité en la pressant avec les mains, puis la remettre dans le plat à sauter avec les poireaux. Pendant ce temps, chauffer le lait et lier avec du roux blanc pour obtenir une consistance de sauce épaisse. Ajouter les jaunes d'œufs, l'oseille et les poireaux. Rectifier l'assaisonnement et réserver au chaud.

• Bien chauffer le gril en prenant soin d'avoir deux zones de cuisson : l'une très chaude, l'autre moyenne. Saisir l'alose sur la partie la plus chaude du gril en la quadrillant de chaque côté. Transférer ensuite le poisson sur la partie la moins chaude du gril, ce qui devrait permettre aux arêtes de se décoller de la chair. Servir très chaud avec la purée d'oseille.

INGRÉDIENTS

- 1 alose de printemps de 2 à 2,5 kg (4 ½ à 5 ½ lb) bien nettoyée et épongée
- Sel et poivre
- 125 ml (½ tasse) d'huile de tournesol
- 1 litre (4 tasses) d'eau salée
- ½ poireau ciselé
- 1 kg (2 lb) de feuilles d'oseille
- 500 ml (2 tasses) de lait
- Roux blanc (p. 134)
- 2 jaunes d'œufs battus

LÉGUMES
Pommes de terre vapeur

Crème d'oseille à l'orge

INGRÉDIENTS

- 45 g (¼ tasse) d'orge perlée
- 120 g (½ tasse) de beurre non salé
- 360 g (12 oz) de feuilles d'oseille
- 1 litre (4 tasses) de lait
- Sel et poivre
- 100 g (1 tasse) de farine d'orge
- Crème à 15 % chaude

PRÉPARATION

• Cuire l'orge dans un peu d'eau salée. Rafraîchir, égoutter et réserver.

• Chauffer le beurre dans une casserole et étuver l'oseille jusqu'à ce qu'elle devienne en purée.

• Chauffer 750 ml (3 tasses) de lait, saler et poivrer. Mélanger la farine d'orge avec le reste du lait froid. Incorporer ce mélange au lait chaud et amener à ébullition en remuant continuellement. Cuire doucement environ 30 min. Ajouter la purée d'oseille en réservant 4 c. à café (4 c. à thé) pour la garniture. Laisser mijoter environ 10 min, puis passer au chinois étamine. Ajouter de la crème pour obtenir une texture crémeuse.

• Répartir l'orge perlée et la purée d'oseille au fond de chaque assiette. Arroser avec de la crème chaude.

Persil

Persil plat

P E R S I L

Variété sauvage – *Petroselinum sativum* (Linné)
Variété cultivée – *Petroselinum hortense* (Linné)

Le mot persil vient du grec *petros selinon*. Originaire de la Sardaigne, cette herbe a servi à aromatiser et à garnir les mets dès l'Antiquité. Les Grecs couronnaient de guirlandes de persil les vainqueurs des jeux consacrés à Neptune. Pline l'Ancien conseillait d'en parsemer la surface des bassins d'eau pour revigorer les poissons.

Depuis l'époque Romaine, il n'était de jardin, excepté dans l'extrême Nord, qui n'hébergeait cet excellent aromate. Curieusement, il semble que jusqu'à la fin du Moyen-Âge, on ne cultivait le persil qu'à des fins médicinales.

Plante bisannuelle ou annuelle aux feuilles vert foncé divisées en trois folioles et aux petites fleurs verdâtres ou jaunâtres disposées en ombelle. Ses racines sont fusiformes et ses fruits ovoïdes. De nos jours, on préfère la variété commune à la variété frisée, plus décorative mais moins aromatique.

AUTRES APPELLATIONS
Persil commun, persil cultivé, persil odorant, ache persil, persin.

UTILISATION EN CUISINE
Indispensable pour faire le fameux bouquet garni essentiel aux fonds, fumets et essences. Par la subtilité et la délicatesse de son arôme, le persil permet de relever les sauces et les viandes les plus fades, de parfumer agréablement l'omelette aux fines herbes, les salades les plus neutres, les féculents les plus lourds et les potages les plus ordinaires.

USAGE THÉRAPEUTIQUE
Antianémique, antiscorbutique, apéritif, diurétique, emménagogue, sédatif, stimulant et tonique, galactophobe, altératif, expectorant.

CONSERVATION
Le persil supporte assez bien la déshydratation. On le conserve dans un bocal fermé hermétiquement, à l'abri de la lumière.

PARTICULARITÉS
Certaines traditions veulent que manger du persil provoque la passion et encourage la fertilité, tant chez les hommes que chez les femmes.

Cailles farcies avec jus de persil aux amandes

4 portions

FARCE

- 100 g (3 ⅓ oz) de foie de volaille
- 100 g (3 ⅓ oz) de chair de caille ou poulet
- 100 g (3 ⅓ oz) d'échine de porc
- 2 tranches de pain trempées dans 125 ml (½ tasse) de crème épaisse (35 %)
- 1 œuf
- Cognac
- Sel et poivre
- 10 g (⅓ tasse) de persil haché finement

- 120 g (4 oz) d'amandes effilées
- 4 cailles
- Sel et poivre
- 250 ml (1 tasse) de fond de caille
- 150 g (5 tasses) de persil
- 125 ml (½ tasse) d'huile d'arachide
- 125 ml (½ tasse) de madère
- 125 ml (½ tasse) de Noilly Prat
- 160 g (5 ⅓ oz) de mirepoix
- 120 g (½ tasse) de beurre non salé

LÉGUMES

Fonds d'artichauts frais

Pommes en cocottes ou parisiennes

Jardinière de légumes

- Pour préparer la farce, passer tous les ingrédients qui la composent au hachoir en utilisant la grille moyenne.

- Faire griller les amandes au four à 180 °C (350 °F).

- Désosser minutieusement les cailles par le dos (voir p. 138) en prenant bien soin de ne laisser aucun os. Saler et poivrer. Répartir la farce à l'intérieur des cailles, puis refermer en redonnant la forme d'une caille. Réserver.

- À l'aide du mélangeur ou du robot de cuisine, émulsionner le fond de caille froid avec le persil, puis passer le mélange à l'aide d'une petite passoire. Hacher les amandes au couteau ou au robot, puis les incorporer au mélange persillé.

- Chauffer l'huile d'arachide dans un plat à sauter et y placer les cailles en prenant soin qu'elles soient bien reformées. Saler et poivrer et mettre au four à 180 °C (350 °F) pendant 8 min pour bien les saisir. Diminuer la température à 140 °C (285 °F) et continuer la cuisson, en arrosant souvent, jusqu'à ce que le thermomètre atteigne 70 °C (160 °F) à cœur.

- Enlever les cailles du plat, extraire l'excédent de gras de cuisson, puis déglacer avec le madère, le Noilly Prat et la mirepoix. Ajouter 250 ml (1 tasse) d'eau et laisser cuire 5 ou 6 min.

- Passer au chinois, puis incorporer le mélange de persil-amandes. Laisser réduire de moitié et monter le jus avec le beurre. Déposer les cailles sur chaque assiette et arroser le jus.

Moules marinières

4 portions

L'importance du persil dans la préparation des moules est fondamentale à condition que le persil ne soit pas cuit. Attendez que les invités soient à la table pour commencer la cuisson. Pour le service, il faut utiliser un réchaud de centre de table ou un guéridon afin de garder les moules toujours chaudes dans leurs coquilles. Dans l'assiette, elles refroidissent trop vite. Il faut toujours prévoir un petit bol à côté de l'assiette pour y verser le fond de cuisson. Les moules blanchâtres sont mâles tandis que les jaunes sont femelles.

- 250 ml (1 tasse) de vin blanc sec (genre muscadet)
- 90 g (½ tasse) d'échalotes hachées très finement
- Poivre fraîchement moulu
- 60 g (¼ tasse) de beurre non salé
- 1 à 1,5 kg (2 à 3 ⅓ lb) de petites moules de culture, lavées à grande eau et égouttées
- 60 g (2 tasses) de persil haché finement

• Utiliser une casserole assez grande, car les moules doivent absolument être cuites à couvert. Mettre le vin, les échalotes, le poivre et le beurre. Ajouter les moules, couvrir et cuire à chaleur intense jusqu'à ce qu'elles s'ouvrent. Remuer de temps à autre afin qu'elles puissent s'ouvrir uniformément. Servir immédiatement et parsemer de persil.

• Déposer quelques moules dans des assiettes individuelles creuses et chaudes. Verser le jus de cuisson dans des petits bols chauds. Chaque fois que l'on dégustera une moule dans sa coquille, on pourra y prendre du jus avec une cuillère.

Flétan grillé au beurre de persil avec émulsion de jus de lime

4 portions

- 45 g (¼ tasse) d'échalotes hachées
- 250 ml (1 tasse) de vin blanc
- 240 g (1 tasse) de beurre non salé à la température ambiante
- Sel et poivre
- 4 darnes de flétan de 150 à 180 g (5 à 6 oz) chacune
- 250 ml (1 tasse) d'huile d'olive
- 30 g (1 tasse) de persil haché
- Jus de 2 limes (citrons verts)

Laissez le beurre à la température ambiante la veille de la préparation de cette recette.

- Dans une casserole, mettre les échalotes, le vin, 60 g (2 oz) de beurre, le sel et le poivre. Réduire de 90 %, laisser refroidir, couvrir et conserver au réfrigérateur.

- Bien éponger les darnes de flétan, saler, poivrer et badigeonner avec 60 ml (¼ tasse) d'huile d'olive. Bien chauffer le gril afin qu'il y ait deux zones de cuisson : l'une très chaude et l'autre à chaleur moyenne. Quadriller les darnes sur les deux faces sur la partie la plus chaude du gril. Déplacer ensuite le poisson sur la partie la moins chaude afin que la cuisson se fasse entièrement sur le gril, jusqu'à ce que la chair se décolle de l'arête.

- Pendant la cuisson, bien mélanger 180 g (6 oz) de beurre avec la réduction d'échalotes, le vin et le persil. À l'aide du mélangeur, malaxer vigoureusement le jus de lime, le sel, le poivre et le reste de l'huile. Réserver.

- Déposer une darne de flétan sur chacune des assiettes individuelles. Verser un cordon d'émulsion de lime tout autour, puis couvrir avec 1 c. à café (1 c. à thé) de beurre de persil.

LÉGUMES
Pommes de terre vapeur
Panais
Racines de persil

Romarin

R O M A R I N

Rosmarinus officinalis (Linné)
Famille des lamiacées

Plante sacrée, le romarin accompagnait le laurier dans la confection de la couronne des vainqueurs romains. Il présidait aux fêtes païennes et religieuses, aux bénédictions nuptiales ainsi qu'aux cérémonies funèbres. Au XVIIe siècle, son essence servait à préparer la très célèbre «eau de la reine de Hongrie» qui aurait rendu jeunesse, beauté et amour à une princesse hongroise septuagénaire.

Le romarin, ou «rosée qui vient de la mer», est un arbuste pouvant atteindre une hauteur de 1,50 m qui peut vivre jusqu'à 30 ans. Fait exceptionnel, la floraison a lieu toute l'année et donne des fleurs bleuâtres qui offrent un parfum agréable légèrement camphré ainsi qu'un goût épicé, herbacé et amer. On les emploie en cuisine sous diverses formes: fraîches, séchées, entières, moulues et pulvérisées.

AUTRES APPELLATIONS

Herbes aux couronnes, herbes des troubadours, rose marine, encensier.

UTILISATION EN CUISINE

Pendant la cuisson, le romarin dégage des saveurs tout à fait particulières qui s'accordent parfaitement avec l'agneau ainsi qu'avec certains poissons, potages, saucisses et fromages. Il entre aussi dans la confection du gâteau de châtaignes italien.

USAGE THÉRAPEUTIQUE

Antidépresseur, antioxydant, antiseptique pulmonaire, antispasmodique, bactéricide, carminatif, diaphorétique, diurétique, emménagogue, fongicide, hypertenseur, stimulant nerveux, stimulant circulatoire, tonique vasculaire. Aide à soigner la calvitie.

CONSERVATION

Le romarin doit être protégé du froid pendant l'hiver. Ses feuilles sont récoltées en été et mises à sécher artificiellement à une température inférieure à 35 ^{0}C.

PARTICULARITÉS

Au Moyen-Âge, le romarin était utilisé pour aseptiser l'air des hôpitaux; on brûlait des branches dans les couloirs. Autrefois, ceux qui pratiquaient la magie blanche lui reconnaissaient des affinités magiques avec l'amour, la protection, la purification, la mémoire. Pour attirer l'amour, lavez-vous les mains avec une infusion de romarin.

Épaule d'agneau à la farce au romarin

INGRÉDIENTS

- 150 g (5 oz) de pain tranché blanc sans croûte
- 125 ml (½ tasse) de crème épaisse (35 %)
- 400 g (13 oz) de chair maigre d'agneau dénervée
- 30 g (1 oz) de romarin en poudre
- ½ oignon haché finement
- 1 gousse d'ail hachée finement
- 1 baie de genièvre en poudre
- 15 g (½ tasse) de persil haché finement
- 1 blanc d'œuf
- Sel et poivre
- 1 épaule d'agneau de 1,2 à 1,5 kg (2 ½ à 3 ⅓ lb)
- Crépine de porc (facultatif)
- 150 ml (⅔ tasse) d'huile d'arachide
- 150 g (5 oz) de mirepoix (oignon – carotte – céleri)
- 150 ml (⅔ tasse) de fond brun d'agneau ou de demi-glace vendue dans le commerce

PRÉPARATION

Demandez à votre boucher de désosser l'épaule d'agneau en prenant soin de vous donner les os coupés en petits dés ainsi que la chair maigre qu'il aura passée au hachoir à grille moyenne. La crépine est une membrane graisseuse et transparente du porc ou du veau (voir note p. 56).

- Pour préparer la farce, faire tremper le pain avec la crème et hacher finement à l'aide du robot de cuisine. Mélanger la chair d'agneau, le pain trempé, le romarin, les oignons, l'ail, le genièvre, le persil et le blanc d'œuf. Saler et poivrer.

- Saler et poivrer l'intérieur de l'épaule. Farcir avec le mélange d'agneau et de fines herbes et bien refermer. Envelopper dans la crépine de porc ou ficeler.

- Chauffer l'huile dans un plat de cuisson et colorer l'épaule d'agneau farcie de tous les côtés. Mettre autour les os coupés en petits dés. Cuire au four à 200 °C (400 °F) en arrosant régulièrement jusqu'à ce que le thermomètre atteigne 55 °C (130 °F) à cœur. À ce moment, enlever le gras de cuisson du plat, puis ajouter la mirepoix et le fond d'agneau. Lorsque le thermomètre atteint 65 °C (150 °F) à cœur, retirer du four et conserver au chaud.

- Bien remuer le fond de cuisson et passer au chinois étamine. Rectifier l'assaisonnement et réserver. Verser le jus d'agneau au fond des assiettes, puis y déposer les tranches d'épaule farcies. On doit toujours servir la sauce avant les tranches afin de bien garder les couleurs de la cuisson.

LÉGUMES
Flageolets avec haricots jaunes
Flageolets avec haricots verts
Pommes de terre en purée

Rôti de porc à la gastrique d'érable, sauce au romarin

4 portions

Une gastrique est une réduction jusqu'à caramélisation de vinaigre ou de jus de fruits et de sucre auxquels on a ajouté des aromates. Soyez prudent au moment de verser l'eau froide puisque le caramel peut gicler. Il est recommandé de porter des gants pour éviter de se brûler. L'échine est l'épine dorsale du porc. Cette partie de viande est un peu plus grasse mais combien meilleure...

- 300 ml (1 ¼ tasse) de sirop d'érable
- 250 ml (1 tasse) de vinaigre de vin blanc
- Un rôti de porc d'échine de 1 à 1,2 kg (2 à 2 ½ lb)
- 4 gousses d'ail, pelées et coupées en petits morceaux sur la longueur
- Sel et poivre
- 60 ml (¼ tasse) d'huile d'arachide
- 1 oignon en mirepoix
- 1 carotte en mirepoix
- 1 branche de céleri en mirepoix
- 50 g de romarin en poudre

• Pour préparer la gastrique, verser le sirop d'érable et le vinaigre dans une casserole et cuire à feu vif jusqu'à caramélisation. Arrêter immédiatement la cuisson en versant de l'eau froide afin d'obtenir une belle couleur dorée.

• Faire des incisions dans le rôti et y enfoncer les morceaux d'ail. Saler et poivrer.

• Faire chauffer l'huile dans une cocotte à fond épais allant au four et saisir le rôti de porc. Cuire au four à 200 °C (400 °F) en arrosant souvent pendant la cuisson. Lorsque le thermomètre atteint 65 °C (150 °F) à cœur, mettre les oignons, les carottes et le céleri autour du rôti. Continuer la cuisson pour atteindre 70 °C (160 °F) à cœur. Enlever le rôti et réserver au chaud. Enlever l'excédent de graisse de la cocotte, verser la gastrique d'érable et ajouter le romarin. Cuire quelques minutes et passer le jus au chinois.

• Verser du jus au fond de chaque assiette, puis déposer de belles tranches de rôti.

Huile de romarin
À la fin de l'été, enfoncer dans une bouteille deux branches de romarin couvertes de feuilles. Recouvrir d'huile d'olive. Laisser macérer plusieurs mois.

LÉGUMES
Pomme de terre en purée
Fonds d'artichauts avec petits pois

Sarriette

S A R R I E T T E

Sarriette des jardins – Satureja hortensis (Linné)
Sarriette d'hiver – Satureja montana (Linné)
Famille des lamiacées

La sarriette fut chantée par Virgile ainsi que par Martial qui, dans une épigramme à Lupercus dans laquelle il lui reprochait son impuissance sexuelle, insistait sur le fait que le pauvre n'avait rien à attendre des prétendues vertus aphrodisiaques de cette plante. Au Moyen-Âge, la sarriette a eu l'honneur de figurer dans les capitulaires sous le nom de *saturiam*.

Plante annuelle de 20 à 30 cm de hauteur à la tige ligneuse près du sol fortement ramifiée, aux feuilles linéaires, oblongues, odoriférantes, duveteuses et possédant un court pétiole aux petites fleurs blanches ou roses violacées.

AUTRES APPELLATIONS
Savourée, poivre d'âne.

UTILISATION EN CUISINE
Hachée finement, elle se marie agréablement avec la sauge dans les salades. Elle sert à envelopper les fromages préparés avec du lait de brebis. Une branche de sarriette est recommandée pour la cuisson des lentilles et des haricots pour prévenir les gaz et les ballonnements. La sarriette entre dans la composition de certaines farces et elle occupe une place importante dans la provençale, un mélange exquis de fines herbes. Elle est très utile comme correctif du gibier faisandé en neutralisant l'effet particulièrement actif de ses toxines.

USAGE THÉRAPEUTIQUE
Digestif, stimulant du cerveau et des corticosurrénales, antispasmodique, carminatif, antiseptique, vermifuge, expectorant. Sainte Hildegarde et saint Albert le Grand la recommandaient contre la goutte.

CONSERVATION
La sarriette supporte mal le séchage et la réduction en poudre qui lui font perdre progressivement ses vertus.

PARTICULARITÉS
La sarriette s'exprime harmonieusement avec le basilic et le cerfeuil dans le mélange d'épices nommé «herbes à tortue». Elle entre dans la fabrication de la Chartreuse où, de concert avec la mélisse, elle exprime ses propriétés cordiales.

Pétoncles pochés au lait d'amande avec émulsion de sarriette

4 portions

- 16 pétoncles (12/15 par kg)
- Sel et poivre blanc
- 250 ml (1 tasse) de lait d'amande
- 2 jaunes d'œufs
- 30 g (1 tasse) de sarriette hachée finement
- Jus d'un citron

Il ne faut pas confondre les pétoncles avec les coquilles Saint-Jacques. Il n'y a pas de coquilles Saint-Jacques au Québec. Le pétoncle est un mollusque bivalve de la famille des Pectinidés. Il en existe plusieurs variétés, des petits et tendres pétoncles de baie aux pétoncles géants à la chair plus robuste. C'est en Europe qu'il est le plus facile de se procurer des coquilles Saint-Jacques où elles vivent dans l'Atlantique et la Méditerranée.

LÉGUMES
Salicornes
Riz pilaf
Pommes de terre mousseline

- Bien étendre les pétoncles sur un linge, saler et poivrer de chaque côté.

- Chauffer le lait d'amande à 80 °C (175 °F) et y déposer les pétoncles. La température ne doit jamais dépasser 80 °C (175 °F). Les pétoncles cuits de cette manière ne durciront pas. Pour vérifier la cuisson, prendre un pétoncle et mesurer 62 °C (145 °F) avec le thermomètre. Retirer les pétoncles immédiatement et réserver.

- À l'aide du mélangeur, mélanger rapidement les jaunes d'œufs, la sarriette et le jus de citron. Ajouter doucement 60 ml (¼ tasse) de lait d'amande chaud. Saler et poivrer au goût. Napper chaque pétoncle avec cette émulsion et servir.

Carrés d'agneau à la provençale

INGRÉDIENTS

PROVENÇALE

- ½ pain en tranches, sans croûte et coupé en petits dés
- 1 feuille de laurier
- 5 g de romarin déshydraté
- 5 g de thym déshydraté
- 5 g de marjolaine déshydratée
- 5 g de sarriette déshydratée
- 3 g de sauge déshydratée
- 3 g de basilic déshydraté
- 5 g d'estragon
- 2 gousses d'ail

- 2 carrés d'agneau
- Sel et poivre
- 100 g (3 ⅓ oz) de gras d'agneau pris sur les carrés
- 150 ml (⅔ tasse) de moutarde de Dijon
- 150 ml (½ tasse) vin blanc sec
- 100 g (3 ⅓ oz) de beurre non salé

LÉGUMES

Pommes de terre boulangères
Gratin dauphinois
Haricots verts
Flageolets

PRÉPARATION

Faites préparer les carrés d'agneau par votre boucher. Si vous n'utilisez pas toute la provençale, conservez-la au réfrigérateur dans un récipient fermé hermétiquement.

- Pour préparer la provençale, mélanger le pain au robot de cuisine. Ajouter toutes les herbes aromatiques ainsi que l'ail et mélanger de 1 à 2 min.

- Saler et poivrer les carrés d'agneau. Dans une grande poêle allant au four, fondre le gras d'agneau et saisir les carrés. Mettre au four à 200 ºC (400 ºF) de 4 à 6 min selon l'épaisseur de la viande.

- Sortir les carrés de la poêle et, à l'aide d'un pinceau, badigeonner l'extérieur et l'intérieur avec de la moutarde, puis couvrir avec la provençale sur l'extérieur seulement. Réglez la température du four à *gril*. Remettre les carrés au four. Une croûte se formera sur les carrés qui seront cuits à point.

- Pendant que les carrés d'agneau seront au four, enlever l'excédent de gras de la poêle, verser le vin, réduire de 90% puis ajouter 200 ml (¾ tasse) d'eau. Réduire du quart puis monter au beurre et parsemer 2 c. à soupe de provençale. Rectifier l'assaisonnement. Verser le jus au fond de chaque assiette puis couper de belles côtes d'agneau.

Suprêmes de faisan au vin de sarriette

4 portions

Vous devez commencer la préparation de ce plat la veille. La faisane est généralement beaucoup plus tendre que le faisan. Votre boucher se fera un plaisir de séparer les suprêmes et les cuisses en prenant soin de vous remettre la carcasse qui servira à faire un fond de faisan vite fait. Demandez-lui aussi de mettre les cuisses sous vide afin que vous puissiez les congeler pour utilisation ultérieure.

- Suprêmes de 2 faisanes
- Sel et poivre
- 60 ml (¼ tasse) d'huile d'arachide
- 1 carotte en mirepoix
- 1 oignon en mirepoix
- 1 branche de céleri en mirepoix
- 1 bouquet garni
- 2 gousses d'ail
- 750 ml (3 tasses) de vin de sarriette (p. 119)
- 250 ml (1 tasse) de fond brun de faisan ou de demi-glace vendue dans le commerce
- Roux blanc froid (p. 134)

• Saler et poivrer les suprêmes. Chauffer l'huile dans une poêle à fond épais et saisir rapidement les suprêmes pour qu'ils prennent une belle coloration. Retirer rapidement et refroidir. Dans un plat, mettre les suprêmes, les carottes, les oignons, le céleri, le bouquet garni et l'ail. Recouvrir avec le vin de sarriette. Couvrir et laisser sur le comptoir pendant 24 h.

• Le lendemain, verser le tout dans une casserole et ajouter le fond de faisan. Cuire à 95 °C (205 °F) environ 20 min. La température à cœur du suprême devrait être de 72 °C (162 °F). Enlever les suprêmes et les garder au chaud. Filtrer le jus et le lier avec du roux blanc pour obtenir une liaison au goût. Remettre les suprêmes dans la sauce et servir très chaud.

LÉGUMES
Riz sauvage
Petits légumes variés

Fond de faisan vite fait

Faites couper la carcasse de faisan en tout petits dés par votre boucher.

- 125 ml (½ tasse) d'huile
- Carcasse de faisan en tout petits dés
- 2 échalotes ciselées
- ½ carotte ciselée
- ½ branche de céleri ciselée
- 250 ml (1 tasse) de vin blanc

• Chauffer l'huile dans un plat à sauter et faire revenir les os de faisan jusqu'à ce qu'ils aient une couleur dorée foncée.

• Enlever le gras, puis ajouter les échalotes, les carottes, le céleri et le vin. Cuire de 2 à 3 min pour enlever l'acidité du vin, puis recouvrir d'eau. Cuire 20 min en s'assurant que les os sont toujours recouverts de liquide.

• Passer au chinois ou à la passoire. Le fond est prêt à être utilisé.

Vin de sarriette

- 300 g (10 oz) de sarriette lavée et épongée
- 20 g (²/₃ oz) de genièvre
- 100 g (3 ¹/₃ oz) de tanaisie lavée et épongée
- 250 ml (1 tasse) d'alcool à 45 %
- 750 ml (3 tasses) de vin blanc sec

À la fin de l'été, vous pouvez fabriquer des vins de fines herbes qui vous serviront pendant tout l'hiver. Ce vin servira à déglacer des viandes ou des poissons auxquels il donnera les saveurs de la sarriette. La tanaisie est une plante sauvage à fleurs jaunes utilisées depuis toujours pour éliminer les parasites. Les femmes enceintes ne devraient pas manipuler ni consommer cette plante. Facile à cultiver, la tanaisie n'est vulgaire que pour les botanistes. On l'appelle aussi amère ou sent bon. Elle est excellente dans les omelettes et les poudings.

• Dans un bocal à large ouverture, mettre la sarriette, le genièvre et la tanaisie. Couvrir avec l'alcool et le vin. Laisser macérer de 3 à 10 jours dans le garde-manger, décanter puis filtrer avec un filtre à café. Si le liquide reste trouble, le coller en y ajoutant 1 c. à café (1 c. à thé) de blanc d'œuf. Bien agiter.

• Laisser reposer 24 h. Décanter et filtrer de nouveau. Laisser vieillir quelques mois dans le garde-manger.

Sauge

Sauge ananas

Sauge fruitée

Sauge sclarée

S A U G E

Salvia officinalis (Linné)
Famille des lamiacées

Connue depuis Hippocrate, la sauge possède une renommée exceptionnelle. Son nom est dérivé du latin *salvare* qui signifie «sauver». Au XIVe siècle, le poète Salerne l'a chantée dans un vers célèbre : «De quoi peut mourir l'homme dont la sauge pousse en son jardin?» Citons également un vieux proverbe que nous rappelle Yves Rocher : «Celui qui veut vivre à jamais doit manger la sauge en mai.»

L'arbrisseau atteint 1 m de hauteur. Ses fleurs bleues violacées, occasionnellement roses, sont regroupées en épis. Récoltées deux fois l'an, les feuilles de sauge sont mises à sécher à l'ombre à une température inférieure à 35 °C. Elles ont un arôme pénétrant et prononcé. Leur saveur est épicée, astringente, forte et un peu amère. La sauge s'harmonise avec l'ail et les oignons.

AUTRES APPELLATIONS

Herbe sacrée, thé de Grèce, grande sauge, sauge franche.

UTILISATION EN CUISINE

La saveur de la sauge étant épicée, astringente, forte et un peu amère, elle ne plaît pas à tout le monde. Elle s'accorde bien avec le thon grillé, l'anguille, le mouton, l'agneau, le veau, les côtelettes de porc, les farces et certains légumes.

USAGE THÉRAPEUTIQUE

Usage interne : tonique, antispasmodique, antiseptique, diurétique, hypertenseur, emménagogue, antisudorifique, galactophobe, œstrogénique, carminatif, antioxydant. Usage externe : astringent, cicatrisant, antiseptique, tonique antirhumatismal.

CONSERVATION

Les feuilles sont mises à sécher à l'ombre à une température inférieure à 35 °C. Leur arôme est pénétrant et prononcé.

PARTICULARITÉS

La sauge assainit les armoires et le linge. Une infusion de sauge prise régulièrement un mois avant l'accouchement en réduit considérablement les douleurs. Les sauges sont les plantes de base pour les rituels amérindiens.

Côtes de veau à la tapenade de sauge

4 portions

La tapenade a été inventée par Monsieur Meynier, de Marseille. Son nom vient de tapeno, *un mot provençal qui signifie «câpres», un ingrédient que l'on oublie trop souvent.*

• Pour préparer la tapenade, passer tous les ingrédients qui la composent au robot de cuisine, sauf l'huile d'olive et le poivre. Lorsqu'on a une belle purée, incorporer l'huile et le poivre. Conserver au réfrigérateur dans un contenant à fermeture hermétique pour préserver toutes les saveurs. Par contre, la tapenade doit toujours se servir à la température ambiante.

• Saler et poivrer les côtes de veau. Chauffer une poêle à fond épais avec l'huile d'arachide, saisir les côtes de veau de chaque côté, puis baisser la température et cuire pour atteindre 70 °C (160 °F) à cœur. Retirer et garder au chaud.

• Extraire le gras de cuisson de la poêle, puis déglacer avec le vin et les échalotes. Réduire de 90% et ajouter le fond de veau. Cuire 1 min, puis monter le fond avec le beurre. Rectifier l'assaisonnement.

• Déposer une côte dans chaque assiette individuelle. Napper avec 1 c. à soupe de tapenade et verser un cordon de jus tout autour.

INGRÉDIENTS

TAPENADE

- 240 g (8 oz) d'olives noires dénoyautées
- 100 g (3 ⅓ oz) de filets d'anchois en boîte, égouttés
- 100 g (3 ⅓ oz) de thon en boîte, égoutté
- 100 g (3 ⅓ oz) de câpres égouttées
- 1 branche de thym
- 10 g de feuilles de sauge
- ¼ feuille de laurier
- 2 gousses d'ail épluchées
- 3 c. à soupe de cognac
- 150 ml (⅔ tasse) d'huile d'olive
- Poivre noir

- 4 côtes de veau de 180 à 210 g (6 à 7 oz) chacune, non désossées
- Sel et poivre
- 75 ml (⅓ tasse) d'huile d'arachide
- 125 ml (½ tasse) de vin blanc
- 45 g (¼ tasse) d'échalotes hachées
- 150 ml (⅔ tasse) de fond blanc de veau
- 120 g (½ tasse) de beurre non salé

LÉGUMES
Gratin de pomme de terre
Haricots verts
Chou-fleur

Filets de maquereau à la sauge et au vin blanc

Canneler signifie creuser des petits sillons en V peu profonds à l'aide d'un canneleur, dans un but décoratif. Cette recette convient bien à la saison estivale.

• Pour préparer le court-bouillon, mettre dans une casserole le citron, les carottes, les oignons, l'ail, le vin, le bouquet garni, la sauge, le clou de girofle, les grains de poivre et le sel. Cuire doucement environ 20 min, jusqu'à ce que tous les ingrédients soient cuits et aient une saveur acidulée. Réserver.

• Pendant ce temps, étendre les filets de maquereau dans un plat de cuisson, côté peau vers le fond. Verser le court-bouillon tiède sur les filets, couvrir avec une feuille de papier sulfurisé et cuire au four à 180 °C (350 °F) de 12 à 18 min, jusqu'à ce qu'ils soient fermes.

• Conserver au réfrigérateur au moins 12 h. Servir très froid avec une salade verte ou des pommes de terre cuites à l'eau salée.

COURT-BOUILLON
- 1 citron cannelé et coupé en fines rondelles
- 1 carotte cannelée et coupée en fines rondelles
- 1 oignon espagnol en fines rondelles
- 1 gousse d'ail
- 250 ml (1 tasse) de vin blanc
- 1 bouquet garni
- 10 g (⅓ oz) de feuilles de sauge hachées
- ½ clou de girofle
- 10 grains de poivre noir
- Sel

- 8 filets de maquereau

Poule et bœuf en hochepot au bouillon de sauge

INGRÉDIENTS

PRÉPARATION

INGRÉDIENTS

- 1 poule de 1,5 à 1,8 kg (3 1/3 à 4 lb)
- 1/2 queue de bœuf coupée en morceaux de 2,5 cm (1 po)
- 2 blancs de poireaux
- 4 branches de céleri
- 4 tomates coupées en deux et épépinées
- 2 oignons piqués de 2 clous de girofle
- 3 branches de sauge
- 6 carottes
- 1/2 tête d'ail
- 400 ml (1 2/3 tasse) de vin blanc
- 10 grains de poivre noir

- Cornichons surs
- Moutarde forte
- Gros sel de mer

Le hochepot est un pot-au-feu bouilli des Flandres qui peut contenir entre autres de la queue de bœuf. Le dictionnaire portatif du cultivateur publié en 1760 donne aussi ce nom à une poule cuite avec des queues de bœuf. Il est important d'utiliser une poule pour cette recette, car le bouillon de cuisson est ici aussi important que la chair.

- Mettre la poule et la queue de bœuf dans une grande marmite. Amener à ébullition et écumer.

- Bien laver les poireaux et le céleri, puis les ficeler. Mettre les tomates, les oignons, les poireaux, le céleri, la sauge, les carottes, l'ail, le vin et le poivre dans la marmite. Cuire doucement environ 1 h à 95 °C (205 °F) jusqu'à cuisson complète de la queue de bœuf et de la poule.

- Enlever les légumes du bouillon et les garder au chaud. Découper la poule et la queue de bœuf en morceaux de même grosseur et les ranger dans un plat de service creux. Entourer avec les légumes et couvrir pour garder très chaud.

- Servir une tasse de bouillon à chaque convive ainsi qu'une assiette creuse très chaude dans laquelle on servira la viande et les légumes accompagnés de cornichons surs, de moutarde forte et de gros sel de mer.

LÉGUMES

À mi-cuisson de la poule, on peut cuire des pommes de terre en même temps que les légumes.

Thym

Thym citron

Thym commun

Thym serpolet

T H Y M

Thymus vulgaris (Linné)
Famille des lamiacées

Très recherché dans l'Antiquité, les Égyptiens l'employaient pour embaumer les momies. Les Grecs le brûlaient comme encens au cours des sacrifices tandis que les Romains l'utilisaient déjà pour aromatiser les fromages et comme médicament.

Il existe cent variétés connues de thym. C'est un petit arbrisseau grisâtre qui forme des touffes compactes très ramifiées qui s'élèvent à une vingtaine de centimètres au-dessus du sol. La floraison donne des petites fleurs rose lilas. Il fait partie des aromates indispensables en cuisine. Le serpolet (thym sauvage) a les mêmes vertus thérapeutiques que le thym commun.

AUTRES APPELLATIONS
Farigoule, barigoule, frigoule, pote.

UTILISATION EN CUISINE
Le thym est impératif dans la composition du bouquet garni. Il s'accorde très bien avec l'agneau et les marinades et il est un élément important de la cuisine méditerranéenne (ratatouille, ragoût, aubergine, courgette et quelques fromages).

USAGE THÉRAPEUTIQUE
Diaphorétique, expectorant, désodorisant, mucolytique, antitussif. Usage interne: stimulant général physique et psychique, tonique nervin, hypertension, expectorant, antiseptique intestinal, pulmonaire, génito-urinaire, diurétique, carminatif. Usage externe: antirhumatismal, cicatrisant, décontractant musculaire, rubéfiant.

CONSERVATION
Le thym supporte bien la dessiccation. À la fin de l'été, il faut le suspendre ficelé, queues en l'air, dans un lieu aéré, jusqu'à complète évaporation de l'humidité. Garder dans un bocal bien fermé à l'abri de la lumière.

PARTICULARITÉS
À cause de sa ressemblance avec le thym, les anatomistes nommèrent thymus l'organe glandulaire du cou.

Fenouil braisé à l'échalote et au thym

4 portions

- Chauffer l'huile d'olive dans une casserole et faire fondre les échalotes jusqu'à ce qu'elles prennent une couleur blonde. Mouiller avec le fond de volaille, saler et poivrer. Ranger les bulbes bien serrés et saupoudrer de thym.

- Couvrir la casserole et laisser cuire sur feu doux jusqu'à ce que les bulbes soient tendres en les arrosant de jus de temps à autre. Servir tel quel ou avec une sauce tomate.

Pâté de veau et de jambon au thym

4 à 8 portions

- Pour préparer la farce, passer tous les ingrédients qui la composent à deux reprises au hachoir en utilisant la grille moyenne. Bien mélanger et réserver.

- Étendre la pâte en formant un rectangle de 2,5 cm (1 po) d'épaisseur sur une feuille de pellicule plastique. Étendre la farce sur la pâte en laissant une bordure de 2,5 cm (1 po) tout autour.

- Fariner les escalopes de veau et étendre un peu de farce dessus, puis déposer les tranches de jambon. Recouvrir avec le reste de la farce et faire un rouleau bien compact avec de la pellicule plastique.

- Battre les jaunes d'œufs avec un peu d'eau et badigeonner l'extérieur de la pâte. Bien sceller les bords et garder dans le réfrigérateur pendant 1 h.

- Chauffer le four à 200 °C (400 °F), puis badigeonner la roulade avec la dorure (jaunes d'œufs avec eau). À l'aide de la pointe d'un couteau, faire un trou (cheminée) sur le dessus et cuire au four de 50 à 60 min. Découper en belles tranches et servir avec un fond brun de veau.

INGRÉDIENTS

- 75 ml (⅓ tasse) d'huile d'olive
- 2 échalotes hachées finement
- 300 ml (1 ¼ tasse) de fond de volaille
- Sel de Guérande
- Poivre fraîchement moulu
- 2 bulbes de fenouil, coupés en deux
- 2 brins de thym
- Sauce tomate (facultatif)

FARCE
- 240 g (8 oz) de veau maigre
- 240 g (8 oz) de porc (bout de longe)
- 480 g (1 lb) de lard gras
- 3 c. à café (3 c. à thé) de sel
- 2 g de poivre
- 10 g de feuilles de thym hachées

PÂTE
- 700 g (1 ½ lb) de pâte brisée maison ou vendue dans le commerce

- Farine
- 4 escalopes de veau
- 210 g (7 oz) de jambon en tranches
- 2 jaunes d'œufs
- Fond brun de veau

LÉGUMES
Carottes
Panais

Entrecôtes aux oignons et au thym

- 2 oignons espagnols
- 2 gousses d'ail hachées
- 10 g (⅓ oz) de feuilles de thym
- 150 g (⅔ tasse) de beurre non salé
- Sel de Guérande
- Poivre fraîchement moulu
- 4 entrecôtes de 150 g (5 oz) chacune
- 125 ml (½ tasse) d'huile d'arachide
- 250 ml (1 tasse) de vin blanc

LÉGUMES
Pommes cocottes, noisettes
Parisiennes rissolées
Haricots verts

- Pour faire la compote, hacher les oignons, l'ail et le thym à l'aide du robot de cuisine. Chauffer 120 g (½ tasse) de beurre dans une casserole et faire cuire doucement les oignons, l'ail et le thym à couvert jusqu'à complète évaporation. Saler, poivrer et réserver.

- Saler et poivrer les entrecôtes. Dans une grande poêle en fonte, chauffer l'huile et le reste du beurre. Saisir et cuire les entrecôtes jusqu'à cuisson désirée. Retirer de la poêle et laisser reposer au moins 5 min à l'entrée du four.

- Extraire le gras de cuisson de la poêle et déglacer avec le vin. Réduire de 90 %, puis ajouter la compote. Servir les entrecôtes sur des assiettes individuelles et napper de compote.

Soupe à l'ail et au thym

- 2 carottes en brunoise
- 2 courgettes en brunoise
- 1 branche de céleri en brunoise
- 750 ml (3 tasses) de bouillon de poulet
- 400 ml (1 ⅓ tasse) de crème épaisse (35 %)
- 8 gousses d'ail dégermées et émincées
- Sel et poivre
- Fécule de pomme de terre
- 15 g (½ tasse) de pluches de cerfeuil

- Cuire les carottes, les courgettes et le céleri dans 150 ml (⅔ tasse) de bouillon de poulet. Égoutter et réserver.

- Réduire la crème de moitié. Cuire l'ail dans 600 ml (2 ⅓ tasses) de bouillon de poulet. Broyer vigoureusement à l'aide du mélangeur, puis incorporer la crème, le sel et le poivre.

- Lier avec un peu de fécule de pomme de terre délayée avec un peu d'eau, jusqu'à consistance voulue. Juste avant de servir, incorporer la brunoise et parsemer de cerfeuil.

Recettes de base

FOND BLANC DE VOLAILLE

2 kg (4 ¹/₂ lb) d'os de volaille
300 g (1 ¹/₂ tasse) de carottes en mirepoix moyenne
200 g (1 tasse) d'oignons en mirepoix moyenne
100 g (¹/₂ tasse) de blanc de poireau en mirepoix moyenne
100 g (¹/₂ tasse) de céleri en mirepoix moyenne
3 gousses d'ail hachées
1 clou de girofle
Poivre noir
1 bouquet garni : 20 tiges de persil +
    1 branche de thym + ¹/₂ feuille de laurier

• Faire dégorger les os de volaille. Mettre les légumes, l'ail et les assaisonnements dans une marmite avec les os dégorgés. Couvrir d'eau et amener à ébullition. Écumer si nécessaire. Ajouter le bouquet garni. Laisser cuire 45 min. Passer au chinois étamine ou dans une passoire à mailles fines et réduire si le goût n'est pas suffisamment prononcé.

ESSENCE DE LÉGUMES

Les essences de légumes sont des concentrations de saveurs extraites de un ou de plusieurs éléments. On peut faire, par exemple, de l'essence de céleri. On peut aussi faire des essences de légumes variés. Il suffit de cuire l'élément de base dans l'eau, puis, après cuisson, de laisser réduire le liquide afin de concentrer les saveurs.

FOND BRUN DE VOLAILLE

2 kg (4 ¹/₂ lb) d'os de volaille
150 ml (²/₃ tasse) d'huile végétale
300 g (1 ¹/₂ tasse) de carottes en mirepoix moyenne
200 g (1 tasse) d'oignons en mirepoix moyenne
100 g (¹/₂ tasse) de blanc de poireau en mirepoix moyenne
100 g (¹/₂ tasse) de céleri en mirepoix moyenne
3 gousses d'ail hachées
1 clou de girofle
Poivre noir
1 bouquet garni : 20 tiges de persil + 1 branche de thym +
    ¹/₂ feuille de laurier
Pâte de tomate (facultatif)

• Bien concasser les os à l'aide d'un couperet, les faire revenir au four dans une plaque avec 75 ml (⅓ tasse) d'huile jusqu'à ce qu'ils dorent (si les os ont une belle coloration, ils donnent une belle coloration au liquide).

• Pendant ce temps, faire suer les légumes dans le reste de l'huile, puis les mettre dans une marmite avec les os et les assaisonnements. Couvrir d'eau et cuire de 45 à 60 min. Si le fond n'est pas assez coloré, ajouter un peu de pâte de tomate, passer ensuite au chinois étamine ou dans une passoire à mailles fines.

FOND BRUN DE VEAU

Ce fond de veau n'est pas lié. Avec du roux blanc, on obtient un fond brun lié. Pour faire un fond blanc de veau, on fait la même recette en veillant toutefois à ne pas colorer les os.

Graisse végétale
10 kg (22 lb) d'os de veau (de préférence les genoux, coupés
   en petits dés par le boucher)
Huile végétale
1 kg (2 lb) d'oignons en grosse mirepoix
1 kg (2 lb) de carottes en grosse mirepoix
480 g (1 lb) de branches de céleri en morceaux de 5 cm (2 po)
2 têtes d'ail en chemise
1 feuille de laurier
2 pincées de brindilles de thym
210 g (7 tasses) de persil
25 grains de poivre noir
200 g (7 oz) de pâte de tomate cuite

• Faire chauffer la graisse végétale dans une plaque à rôtir au four à 200 °C (400 °F). Lorsqu'elle est bien chaude, déposer les os de veau et les laisser rôtir jusqu'à ce qu'ils dorent de tous côtés, étape très importante car ce sont ces sucs rôtis qui donneront une belle coloration au fond de veau.

• Pendant ce temps, dans une casserole suffisamment grande, faire suer tous les légumes dans de l'huile végétale chaude. Ajouter l'ail, les assaisonnements et la pâte de tomate, puis faire cuire le tout.

• Lorsque ces deux opérations sont terminées, réunir les deux éléments dans une marmite assez grande. Couvrir d'eau complètement et laisser mijoter pendant au moins 6 h.

Par réduction, donc par concentration des sucs, on obtient de la sauce demi-glace et, plus réduit encore, de la glace de veau.

COURT-BOUILLON

Le court-bouillon est peu utilisé. Il s'agit pourtant d'un élément aromatique de grande qualité.

2,5 litres (10 tasses) d'eau
125 ml (1/2 tasse) de vin blanc sec
125 ml (1/2 tasse) de vinaigre blanc de qualité
30 g (1 oz) de gros sel
300 g (10 oz) d'oignons blancs en fines rondelles
300 g (10 oz) de carottes en fines rondelles
1 bouquet garni
10 grains de poivre noir

• Réunir tous les ingrédients et cuire jusqu'à tendreté des carottes et des oignons. Si on utilise le court-bouillon immédiatement, laisser les légumes qui serviront de garniture aux poissons, mollusques ou crustacés. Si on le prépare pour une utilisation ultérieure, le passer au chinois étamine ou à la passoire à mailles fines.

FUMET DE POISSON

Ce fumet se conserve au congélateur pendant une durée maximale de 2 à 3 mois. Éviter d'utiliser des carottes dans la préparation du fumet de poisson, car elles donnent généralement un goût sucré au bouillon. Ne jamais saler un fumet de poisson, car on doit quelquefois le faire réduire pour obtenir un «concentré» de poisson.

1 ½ c. à soupe de beurre
800 g (1 ¾ lb) d'arêtes et de parures de poissons (de préférence de poissons plats)
75 g (⅓ tasse) d'oignons émincés
125 g (⅔ tasse) de poireaux émincés
125 g (⅔ tasse) de céleri émincé
6 c. à soupe d'échalotes
150 g (5 oz) de champignons émincés
125 ml (½ tasse) de vin blanc sec
4 c. à café (4 c. à thé) de jus de citron
1 litre (4 tasses) d'eau froide
1 pincée de thym
½ feuille de laurier
10 grains de poivre

• Faire chauffer le beurre dans une casserole, ajouter les arêtes, les parures de poisson et tous les légumes, puis faire suer le tout pendant 4 à 5 min. Mouiller avec le vin, le jus de citron et l'eau froide, ajouter le thym, le laurier et le poivre. Amener à ébullition et laisser mijoter pendant 25 min. Passer à l'étamine, laisser refroidir et réserver pour un usage ultérieur.

ROUX BLANC ET BRUN

L'utilisation du roux est beaucoup plus appropriée que celle des fécules, car le gluten de la farine fait tenir les sauces beaucoup mieux.

120 g (½ tasse) de beurre
120 g (½ tasse) de farine

• Faire fondre le beurre au four à micro-ondes pendant 20 sec, puis ajouter la farine. Cuire par séquences de 20 sec et bien remuer entre chaque séquence. Le roux est cuit lorsqu'il commence à mousser.

SUBSTITUTS DE ROUX

On trouve dans le commerce des substituts de liaison pour les fonds et les sauces. Il y a d'abord la fécule de maïs. Quand on l'utilise, il faut servir la sauce immédiatement, sinon elle relâchera après une vingtaine de minutes. Le résultat sera identique avec toutes les fécules (pommes de terre, riz, arrowroot, châtaignes, etc.). L'avantage des liaisons avec les fécules de riz ou de pommes de terre, c'est qu'elles ne laissent aucun goût secondaire.

On trouve aussi dans le commerce une variété de produits appelés veloutine et autres.

Techniques de cuisson

BRAISER

- Faire revenir la viande pour lui donner une coloration.
- Enlever l'excédent de graisse.
- Déglacer avec le vin et cuire pour extraire l'alcool.
- Mouiller à mi-hauteur de la viande avec le fond choisi.
- Ajouter les éléments aromatiques.
- Couvrir hermétiquement.
- Cuire à température constante et régulière.

GRILLER

- Bien essuyer la pièce à griller.
- Badigeonner légèrement d'huile.
- Saler et poivrer.
- Placer la pièce à griller (côté peau pour le gibier à plume) sur le gril bien chaud.
- Quadriller en faisant faire un quart de tour à la pièce à griller.
- Quadriller l'autre côté.
- Terminer la cuisson à feu très doux.

POCHER

- Mettre le gibier à dégorger à l'eau courante (pour enlever les impuretés).
- Mettre à bouillir à l'eau froide.
- Écumer.

- Ajouter une garniture aromatique : carottes, oignons, clou de girofle, vert de poireaux, céleri, bouquet garni, ail et poivre en grains.
- Assaisonner de gros sel.
- Faire bouillir et écumer fréquemment en cours de cuisson.
- Laisser cuire à feu très doux.
- Aussitôt cuite, retirer la pièce du bouillon.

POÊLER

- Placer la pièce de viande sur le feu, à découvert.
- Faire colorer la première surface.
- Retourner la pièce pour faire dorer les parties non colorées.
- Ajouter une petite garniture : carottes, oignon et petit bouquet garni.
- Lorsque la pièce est bien dorée et presque au terme de sa cuisson, ajouter (selon la recette) du vin et du fond.
- Aussitôt cuite, retirer du feu.

RÔTIR

- Démarrer à four chaud.
- Retourner la pièce pour la faire colorer.
- Baisser la chaleur du four.
- Arroser fréquemment au cours de la cuisson.

- Au terme de la cuisson, retirer la pièce de la plaque de cuisson.
- Déposer la plaque sur le feu pour faire caraméliser les sucs de la viande.
- Dégraisser.
- Mouiller et déglacer avec un peu de fond brun de volaille.
- Laisser réduire pendant quelques minutes.
- Passer ce jus au chinois.

SAUTER

- Mettre la matière grasse à chauffer dans un sautoir.
- Placer les morceaux, côté peau, dans la graisse chaude.
- Faire colorer (selon la recette). Retourner les morceaux dès qu'ils sont colorés.
- Couvrir et laisser cuire à feu doux.
- Retirer les morceaux cuits.
- Terminer la cuisson des plus gros morceaux.
- Retirer tous les morceaux.
- Bien dégraisser.
- Déglacer avec le vin (selon la recette).
- Laisser réduire tout doucement.
- Ajouter le fond (selon la recette).
- Laisser réduire pendant quelques minutes.
- Vérifier l'assaisonnement.
- Passer la sauce au chinois.

Techniques de coupe

PRÉPARER LES ROULADES DE PLIE

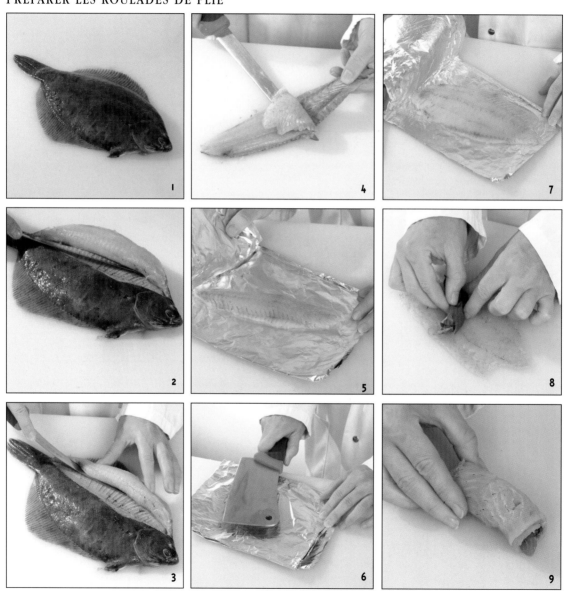

COMMENT FARCIR UN SUPRÊME

COMMENT ENLEVER L'AMERTUME D'UNE ENDIVE

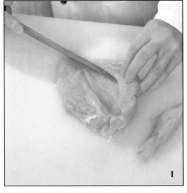

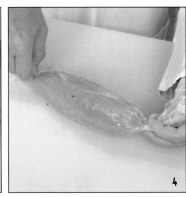

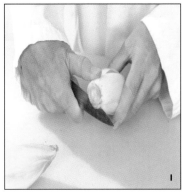

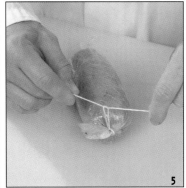

CANARD EN PORTEFEUILLE   COMMENT DÉSOSSER UNE CAILLE

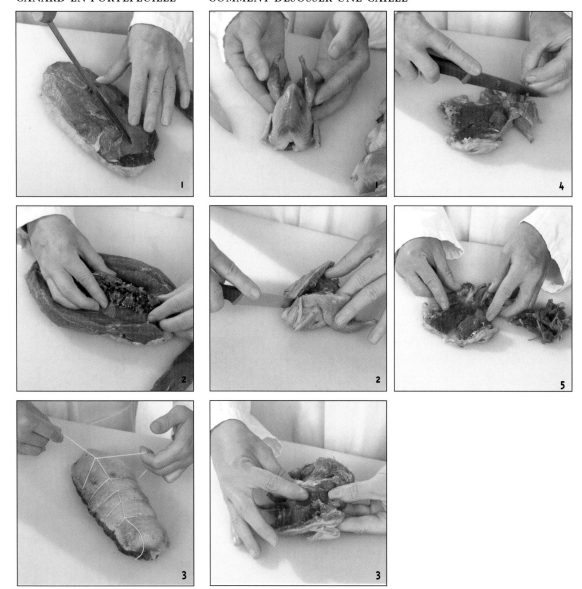

COMMENT DÉSOSSER UNE ÉPAULE D'AGNEAU

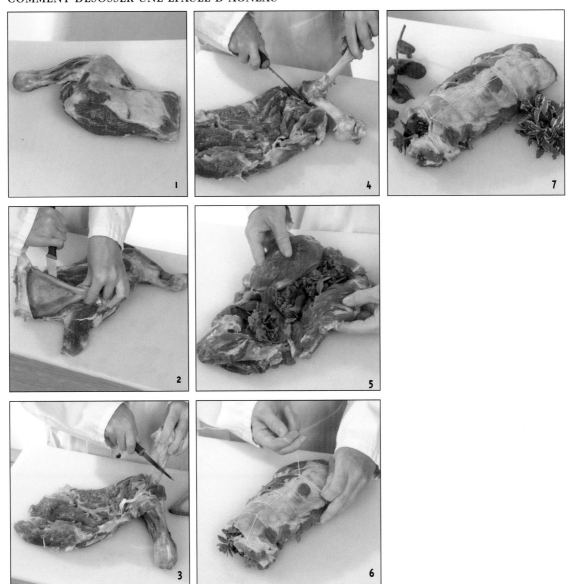

PRÉPARATION D'UN CARRÉ D'AGNEAU

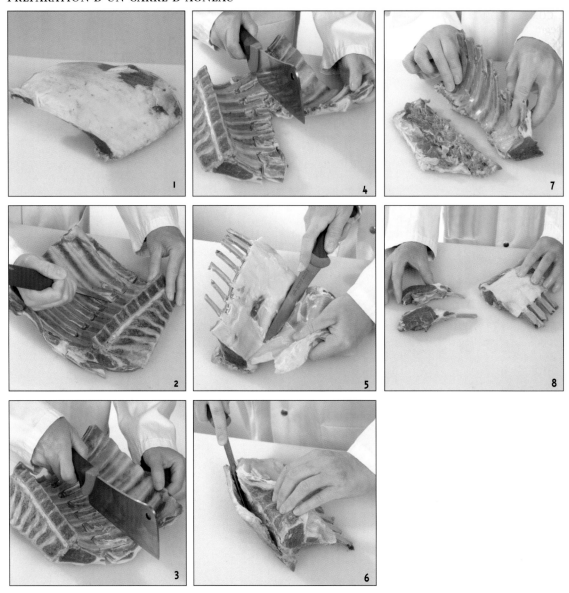

Lexique

À CŒUR (CUISSON)
Degré de cuisson au centre d'une pièce de viande.

APPRÊT
Opérations culinaires entourant la préparation d'un plat.

AROMATIQUE
Toute herbe, plante ou racine qui répand une odeur agréable.

BLANC DE CUISSON
Mélange d'eau et de farine additionné de jus de citron ou de vinaigre blanc.

BLANCHIR
Opération qui consiste à faire bouillir des produits dans une certaine quantité de liquide pendant une période donnée, pour leur enlever certaines impuretés ou pour les attendrir.

BOUQUET GARNI
Éléments aromatiques composés de céleri, de branches de thym, de queues de persil et de feuilles de laurier, le tout ficelé ensemble. Sert à donner un parfum agréable aux mets.

BRAISER
Cuire dans une braisière ou une casserole couverte hermétiquement avec peu de liquide. Comme cette cuisson est longue, il faut éviter que le liquide de cuisson ne s'évapore, d'où l'importance d'utiliser un bon équipement, fermant hermétiquement.

BRUNOISE
Légumes coupés en petits dés d'environ 3 mm.

CHAPELURE
Croûte de pain rassis passée au tamis et séchée. On peut utiliser aussi du pain frais tranché sans croûte.

CISELER
Couper en julienne de la ciboulette, de la laitue ou de l'oseille.

COLORER
Donner une couleur uniforme à une viande en la saisissant dans un corps gras.

CUIRE « À LA GOUTTE DE SANG »
Lorsque la poitrine d'une volaille ou d'un gibier à plume est cuite à point, en la piquant avec une aiguille, une goutte de sang doit perler au centre du gras.

DÉGLACER
Dissoudre, avec un bouillon ou un liquide, les sucs qui se sont caramélisés au fond du plat de cuisson.

ÉMINCER
Couper en tranches minces un aliment ou des légumes larges (oignons, poireaux, etc.).

ÉMULSIONNER
Battre vivement au fouet à main ou électrique.

ÉTUVER
Cuire un aliment à feu doux, à couvert.

FARCIR
Remplir l'intérieur d'une volaille ou d'une pièce de viande avec de la farce.

FONDRE
Généralement, cuire un aliment à feu doux, dans très peu de liquide et de gras, à couvert.

GASTRIQUE
Réduction jusqu'à caramélisation de vinaigre ou de jus de fruits et de sucre auxquels on a ajouté des aromates.

GRILLER
Cuire un aliment en l'exposant à l'action directe de la chaleur, par rayonnement ou par contact : braises, pierre plate ou plaque de fonte très chaude, gril.

JULIENNE
Substance quelconque (viande ou légume) détaillée en fines lanières de 3 à 5 cm de longueur et de 1 à 2 mm d'épaisseur.

MACÉRER
Laisser tremper pendant un certain temps un fruit, un légume ou une viande dans un alcool ou un liquide aromatique.

MAGRET
Muscle de poitrine d'oie ou de canard gavé.

MARINER
Laisser tremper une viande ou une volaille dans une marinade pour l'attendrir et lui donner plus d'arôme.

MIJOTER
Faire cuire lentement à feu doux.

MIREPOIX
Légumes (carotte, oignon, céleri et poireaux) et quelquefois lard et jambon coupés en dés, servant de base à une sauce ou à un composé.

MONTER AU BEURRE
Parsemer une sauce de noisettes de beurre en pommade et les incorporer en vannant jusqu'à l'obtention d'un mélange homogène.

MOUILLER
Ajouter un liquide dans la préparation culinaire. Le liquide, que l'on appelle «mouillement», peut-être de l'eau, du lait, du bouillon, un fond, du vin. Mouiller à hauteur signifie que l'on ajoute du liquide jusqu'à ce qu'il couvre à peine les éléments à cuire.

NAPPER
Recouvrir de sauce ou de gelée les mets chauds ou froids.

PLUCHE DE CERFEUIL
Cerfeuil effeuillé.

POCHER
Cuire les aliments dans un mouillement plus ou moins abondant, en maintenant un très léger frémissement.

POÊLER
Cuire lentement dans un récipient ouvert avec un corps gras, une garniture aromatique et un peu de liquide (eau, fond, vin, etc.). Ou cuire rapidement une viande mince à la poêle.

POMMES NOISETTES
Petites boules de pulpe de pomme de terre formées avec une cuillère à pommes noisette et rissolées.

POMMES PARISIENNES
Boules de pulpe de pomme de terre formées à l'aide d'une cuillère parisienne et rissolées.

RAIDIR
Contracter les chairs d'un aliment à la chaleur, sans coloration.

RÉDUIRE
Faire bouillir ou mijoter une sauce ou un fond pour provoquer une évaporation et rendre ainsi la préparation plus corsée et plus colorée.

REVENIR
Faire sauter vivement une viande (ou un légume) que l'on veut colorer avant de la mouiller (à la différence de saisir qui consiste à contracter les chairs).

RÔTIR
Cuire une viande avec une certaine quantité de corps gras, en l'exposant directement à la chaleur d'un feu nu ou à la chaleur rayonnante d'un four ou d'une rôtissoire.

SAISIR
Cuire une viande dans un corps gras très chaud afin de contracter les chairs (à la différence de revenir qui consiste à donner une coloration).

SAUCER
Verser de la sauce autour d'un mets.

SAUTER
Cuire à feu vif dans un corps gras en remuant la casserole ou la sauteuse de façon à faire «sauter» les articles pour les empêcher de coller.

SUER
Faire cuire un légume à chaleur assez forte, dans un corps gras, pour lui faire perdre une partie de son eau de végétation et concentrer ses sucs.

TOMBER, ÉTUVER OU FONDRE DES LÉGUMES
Cuire dans un mouillement beurré, jusqu'à complète évaporation du liquide.

VANNER
Ajouter une sauce ou une crème pour empêcher la formation d'une peau ou incorporer du beurre.

ADOUCISSANT
Voir *émollient.*

ALTÉRATIF
Détoxifie le milieu interstitiel et intracellulaire. Travaille souvent lentement avec des résultats durables.

ANTIANÉMIQUE
Agit contre l'anémie, généralement grâce à un taux élevé de fer.

ANTIDÉPRESSEUR
Agit de façon à combattre la dépression.

ANTIÉMÉTIQUE
Qui soulage et/ou réduit la fréquence des nausées et des vomissements.

ANTIFONGIQUE
Détruit la croissance des champignons et levures.

ANTIRHUMATISMAL
Agit contre l'arthrite. Terme désignant en fait plusieurs actions telles diurétique et anti-inflammatoire.

ANTISCORBUTIQUE
Prévient ou enraye le scorbut. Riche en vitamine C.

ANTISEPTIQUE
Qui détruit ou prévient le développement microbien, pathogène ou non. On associe souvent ce terme à un organe en particulier : antiseptique pulmonaire, antiseptique intestinal.

ANTISPASMODIQUE
Qui prévient, soulage et calme les contractions musculaires.

ANTITUSSIF
Qui calme ou inhibe la toux.

ANTIVENIMEUX
Inhibe la pénétration et la multiplication du venin.

ANTIVIRAL
Inhibe la pénétration et la multiplication des virus.

APÉRITIF
Encourage et stimule l'appétit, tous les amers et les aromatiques.

ARYTHMIE CARDIAQUE
Anomalie du rythme cardiaque ; plus précisément la bradycardie, la tachycardie.

ASTRINGENT
Resserre les muqueuses et autres tissus, contient souvent des tannins – se lient aux protéines de surface et forment une couche protectrice.

ATONIE
Organe contractile perdant sa tonicité ou son mouvement. Elle peut être d'ordre digestive, intestinale, cardiaque, etc.

BACTÉRICIDE
Qui détruit les bactéries.

CALMANT
Décontracte un ou plusieurs systèmes à la fois et favorise le sommeil. Synonyme de sédatif.

CARDIOTONIQUE
Tonique cardiaque.

CARMINATIF
Qui facilite l'expulsion des gaz intestinaux dus à une fermentation digestive.

CICATRISANT
Favorise la cicatrisation. Toutes les plantes vulnéraires ont cette fonction.

DIAPHORÉTIQUE
Ouvre les pores de la peau et favorise la transpiration.

DIGESTIF
Qui facilite la digestion par une sécrétion plus abondante de suc gastrique.

DIURÉTIQUE
Qui augmente et stimule la production et l'excrétion d'urine.

EMMÉNAGOGUE
Provoque ou régularise les menstruations.

ÉMOLLIENT
Adoucit, relâche, apaise, protège et guérit les tissus irrités.

EXPECTORANT
Casse le mucus et stimule l'élimination des sécrétions des voies respiratoires. Stimule la toux.

GALACTOGOGUE
Stimule la production de lait. Synonyme de galactogène.

GALACTOPHOBE
Diminue la production de lait maternel.

HÉMOSTATIQUE
Arrête les hémorragies et les saignements.

HYPERTENSEUR
Qui fait augmenter la pression artérielle.

HYPOGLYCÉMIANT
Diminue le taux de sucre dans le sang.

LAXATIF
Stimule ou facilite l'évacuation des selles.

MUCOLYTIQUE
Qui fluidifie le mucus et favorise la décongestion.

RÉCHAUFFANT
Épicé, piquant, stimule la circulation tout en augmentant la chaleur du corps.

RÉÉQUILIBRANT
Module le système nerveux et hormonal afin d'atteindre l'équilibre des fonctions en général du corps.

RUBÉFIANT
Terme utilisé en usage externe. Stimule la circulation sanguine locale suite à l'application d'une pommade, huile macérée, etc. sur la peau afin de favoriser l'oxygénation des tissus et l'élimination des déchets.

SÉDATIF
Voir *calmant*.

STIMULANT
Pousse l'activité organique à son maximum. Le terme stimulant est souvent utilisé en général, mais il peut être aussi spécifique tel que stimulant nerveux, stimulant immunitaire, stimulant circulatoire, etc.

TONIQUE
Nourrit, soutient, dynamise et fortifie les différents systèmes ou organes du corps. On associe souvent ce terme à un système en particulier tel que tonique immunitaire, tonique surrénalien, tonique vasculaire, etc.

TONIQUE IMMUNITAIRE
Nourrit, soutient, fortifie le système immunitaire dans ses fonctions.

VASODILATATEUR
Provoque un relâchement de la musculature des artères donc augmente le flux sanguin local.

VERMIFUGE
Évacue les vers et parasites à l'extérieur du corps.

Index

Bibliographie

Debuigne, Gérard
Larousse des plantes qui guérissent
Librairie Larousse, 1974, 254 pages

Desaunay, Guy
Pratique et secrets de fabrication des liqueurs
Pierre Bordas et Fils, éditeurs, 1985, 233 pages

Grappe, Jean-Paul
Poissons, mollusques et crustacés
Éditions de l'Homme, 1997

Gibier à poil et à plume
Éditions de l'Homme, 2002, 423 pages

La Griffe, Louis
Le livre des épices
Desclez 1981, 316 pages

Lenoir, Jean, Albert Loo et Hubert Richard
Le nez des herbes et des épices
Éditions Jean Lenoir, 1987

Rouvière, André et Marie-Claire Meyer
La Santé par les huiles essentielles
MA Éditions, 1989, 127 pages

Sélection du Reader's Digest
Encyclopédie des herbes et des épices
Sélection du Reader's Digest, 1993, 288 pages

Valnet, Jean
Phytothérapie
Maloine S.A., éditeur, 1983 – 625 pages

Voyage de Pehr Kalm au Canada en 1749
Le cercle du livre de France, 1977, 674 pages

Du même auteur

Achevé d'imprimer au Canada
en septembre 2003
sur les presses de l'imprimerie Interglobe Inc.